高等职业技术院校汽车类专业

# 汽车机械制图（第二版）习题册

中国劳动社会保障出版社

## 简介

本习题册是高等职业技术院校汽车类专业教材《汽车机械制图（第二版）》的配套用书。本习题册内容紧扣教材的教学要求，题型全面，题量充足，并涵盖国家职业技能鉴定题库的相关内容，有助于学生复习巩固所学知识。

本习题册由易广建主编。

**图书在版编目(CIP)数据**

汽车机械制图（第二版）习题册/易广建主编. —北京：中国劳动社会保障出版社，2015

ISBN 978-7-5167-1928-2

Ⅰ. ①汽…　Ⅱ. ①易…　Ⅲ. ①汽车-机械制图-高等职业教育-习题集　Ⅳ. ①U462-44

中国版本图书馆 CIP 数据核字(2015)第 158555 号

**中国劳动社会保障出版社出版发行**

（北京市惠新东街 1 号　邮政编码：100029）

*

北京市科星印刷有限责任公司印刷装订　新华书店经销

787 毫米 ×1092 毫米　16 开本　7.75 印张　157 千字

2015 年 7 月第 1 版　2024 年 11 月第 15 次印刷

**定价：15.00 元**

营销中心电话：400-606-6496

出版社网址：http://www.class.com.cn

http://jg.class.com.cn

# 目 录

# 模块一　绘制简单形体的三视图

## 课题一　绘制平面图形并标注尺寸

1—1—1　填空题

1. 国家标准《技术制图　图纸幅面和格式》(GB/T 14689—2008）中基本幅面尺寸有__________、__________、__________、__________、__________，其中 A4 的幅面尺寸为____________________。

2. 在工程制图中，通常可见轮廓线采用__________线；尺寸线、尺寸界线采用__________线；轴线、对称中心线采用__________。

3. 在工程制图中，通常采用________线宽，它们的线宽比为__________。

4. 图样中的尺寸以__________为单位时不用标注单位。

5. 在标注直径时，在数字前面应该加__________；在标注半径时，应在数字前加__________。

6. 尺寸标注由____________、______________和尺寸数字组成。

7. 在标注角度尺寸时，数字应__________书写。

8. 机械制图中的汉字应写成______________体。

9. 线性尺寸数字一般应注写在尺寸线的____________或____________。

10. 国家标准规定的比例可分为__________、__________、__________三种。

11. 绘制机械图样时，应尽量采用__________的比例。

## 1—1—2 选择题

1. 不可见轮廓线采用（　　）来绘制。

A. 粗实线　　B. 细虚线　　C. 细实线

2. 在标注球的直径时应在尺寸数字前加（　　）。

A. $S\phi$　　B. $\phi$　　C. $R$

3. 下列图形中尺寸标注正确的是（　　）。

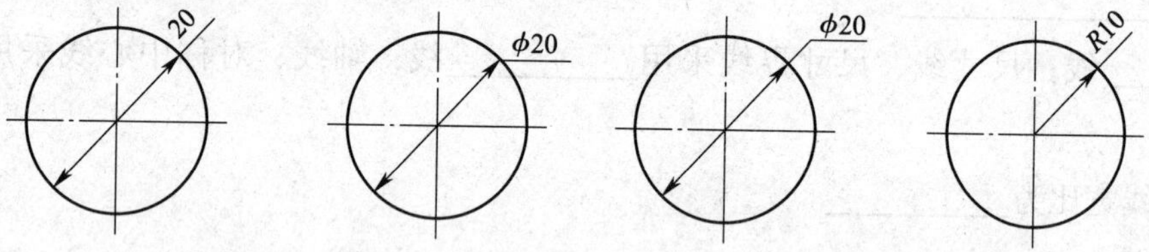


A.　　B.　　C.　　D.

4. 制图标准规定，图样中标注的尺寸数值为工件的（　　）。

A. 最后完成尺寸　　B. 加工前尺寸　　C. 最小尺寸

5. 均布的缩写词是（　　）。

A. $SR$　　B. EQS　　C. $\phi$

6. 标题栏一般位于图样的（　　）。

A. 左下角　　B. 右下角　　C. 右上角

7. 下列比例中表示放大比例的是（　　）。

A. 1∶1　　B. 2∶1　　C. 1∶2

8. 当在较小的图形上绘制细点画线或细双点画线有困难时，可用（　　）代替。

A. 细虚线　　B. 粗实线　　C. 细实线

1—1—3　线型练习

在下面绘制工程制图常用线型各两条，粗实线宽度为 0.5 mm，其余均为 0.25 mm；细虚线每一段长度为 5 ~ 6 mm，间隙约为 1.5 mm；细点画线每段长 10 ~ 15 mm，间隙及作为点的短画共约 3 mm。

1—1—4　在图形下方按照 1 : 1 的比例抄画图形。

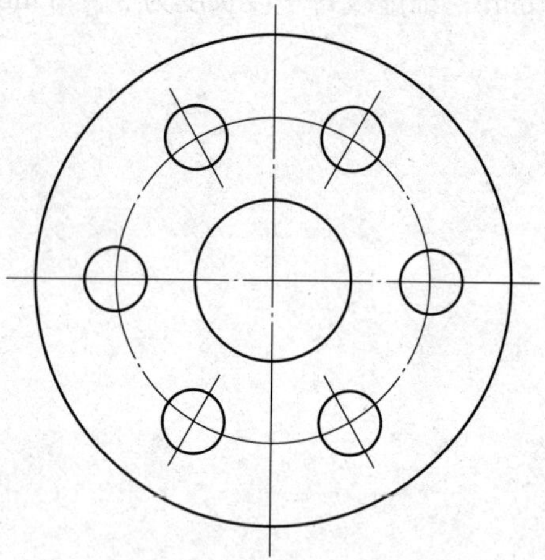

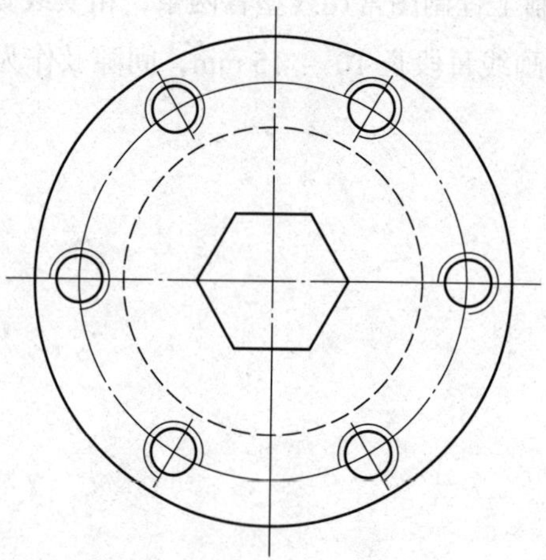



班级　　　　姓名　　　　学号

## 1—1—5　标注平面图形的尺寸

标注出各方向尺寸（数值均为 20）。

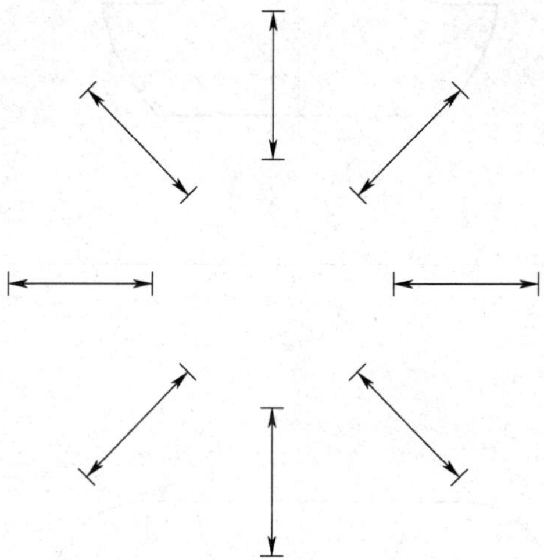

标注角度（数值由图形中量取，取整数）。

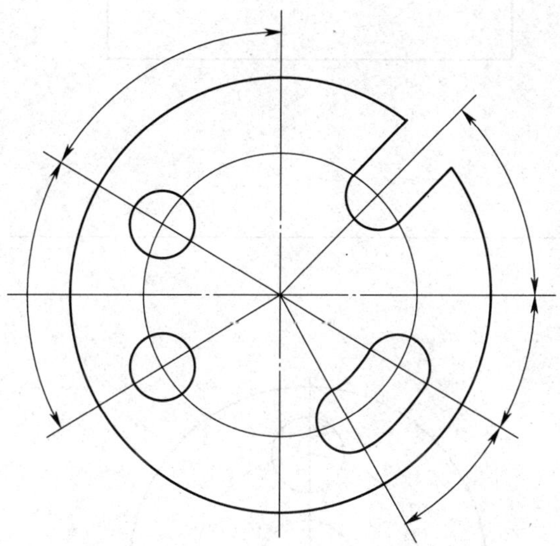

1—1—6　标注平面图形的尺寸（一）（尺寸从图形中量取，取整数）

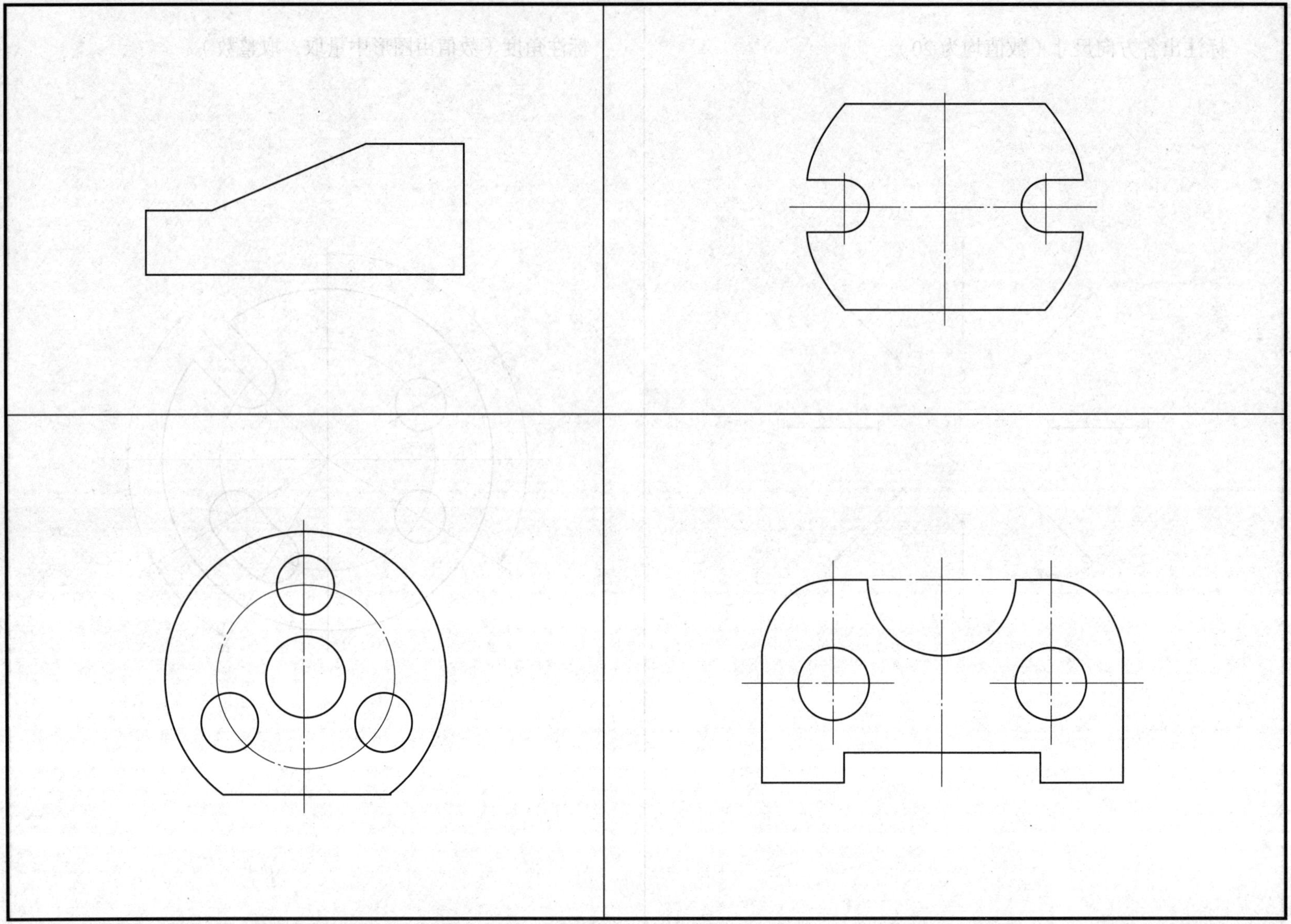



班级　　　　姓名　　　　学号

1—1—7　标注平面图形的尺寸（二）（尺寸从图形中量取，取整数）

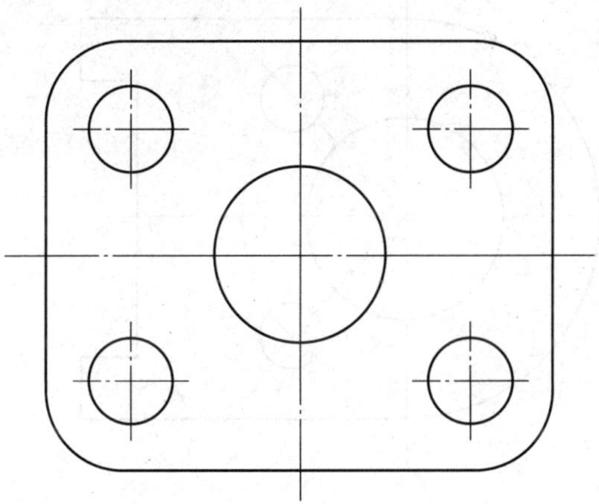

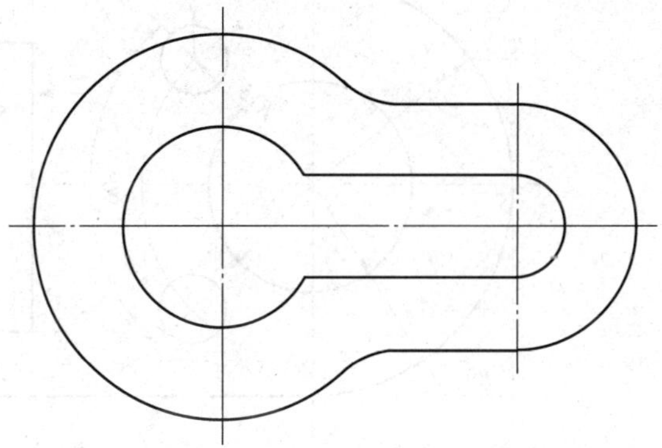

1—1—8　改错（分析左图中错误的尺寸标注，在右图中正确标出）

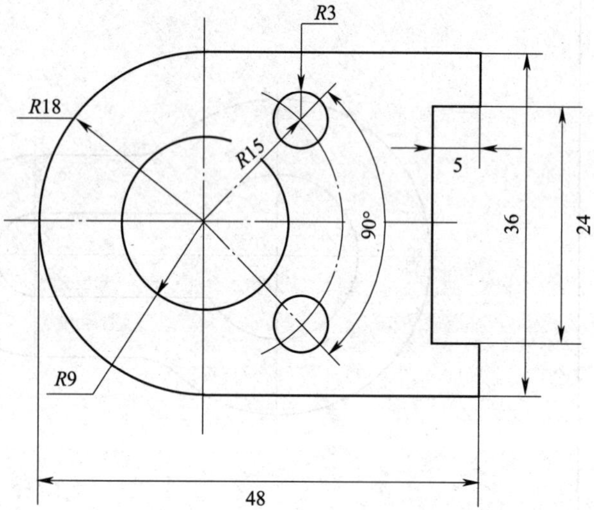


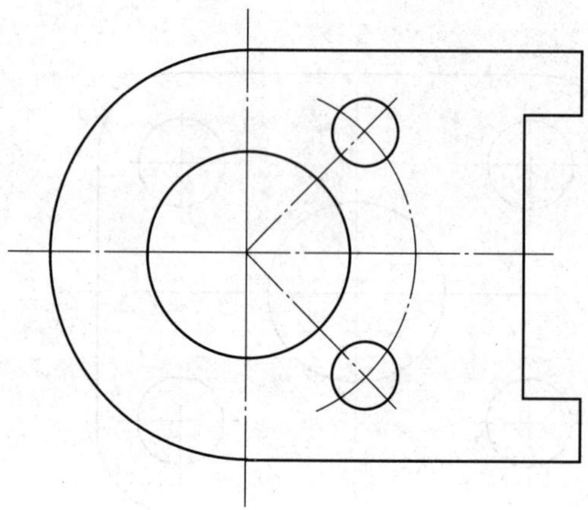

　　班级　　姓名　　学号

1—1—9　找出下图中错误的尺寸标注，在右图中正确标出

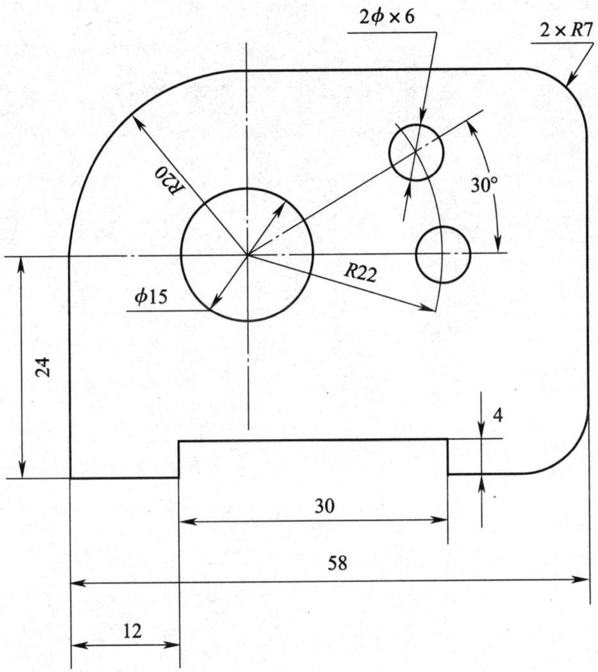


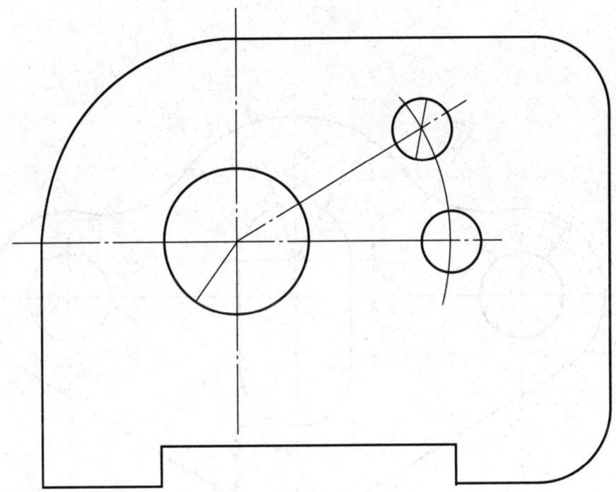

1—1—10　选用适当比例绘制图示图形，并抄注尺寸

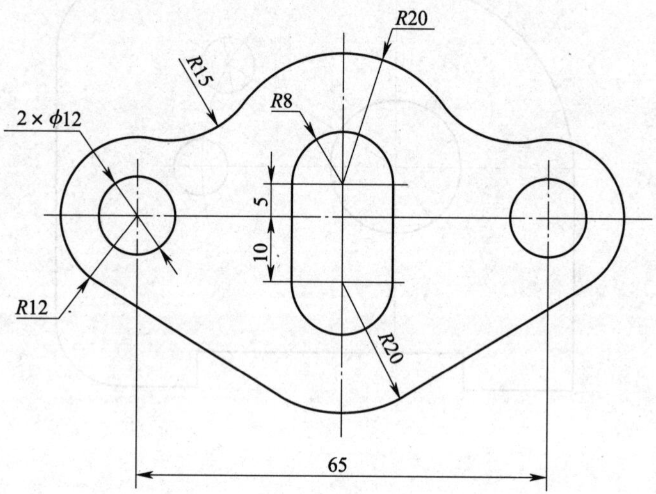




班级　　　　姓名　　　　学号

# 课题二　绘制三视图

1—2—1　填空题

1. 工程上常采用的投影法是＿＿＿＿＿＿法和＿＿＿＿＿＿法。其中，＿＿＿＿＿＿法按投射线与投影面是否垂直又可分为＿＿＿＿＿＿和＿＿＿＿＿＿。

2. 主视图所在的投影面称为＿＿＿＿＿＿，简称＿＿＿＿＿＿，用字母＿＿＿＿＿＿表示；俯视图所在的投影面称为＿＿＿＿＿＿，简称＿＿＿＿＿＿，用字母＿＿＿＿＿＿表示；左视图所在的投影面称为＿＿＿＿＿＿，简称＿＿＿＿＿＿，用字母＿＿＿＿＿＿表示。

3. 一个投影＿＿＿＿＿＿确定物体的形状，通常在工程上多采用＿＿＿＿＿＿。

4. 当投射线互相＿＿＿＿＿＿，并与投影面＿＿＿＿＿＿时，物体在投影面上的投影称为＿＿＿＿＿＿。按正投影原理画出的图形称为＿＿＿＿＿＿。

5. 三视图的投影规律：主视图与俯视图＿＿＿＿＿＿；主视图与左视图＿＿＿＿＿＿；俯视图与左视图＿＿＿＿＿＿。

6. 零件有长、宽、高三个方向的尺寸，主视图上只能反映零件的＿＿＿＿＿＿和＿＿＿＿＿＿，俯视图上只能反映零件的＿＿＿＿＿＿和＿＿＿＿＿＿，左视图上只能反映零件的＿＿＿＿＿＿和＿＿＿＿＿＿。

1—2—2　按箭头指示方向绘制物体的正投影图

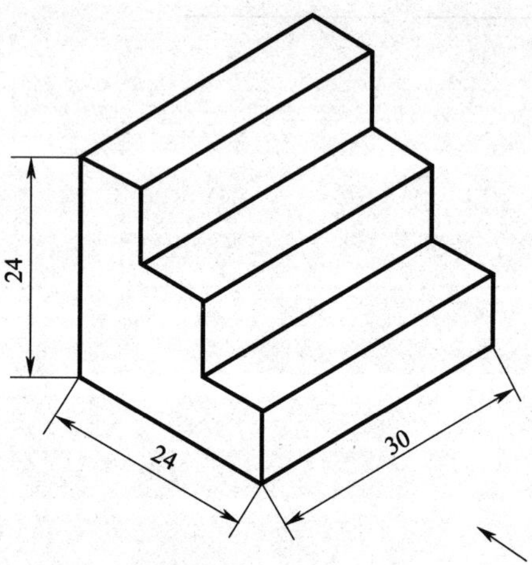


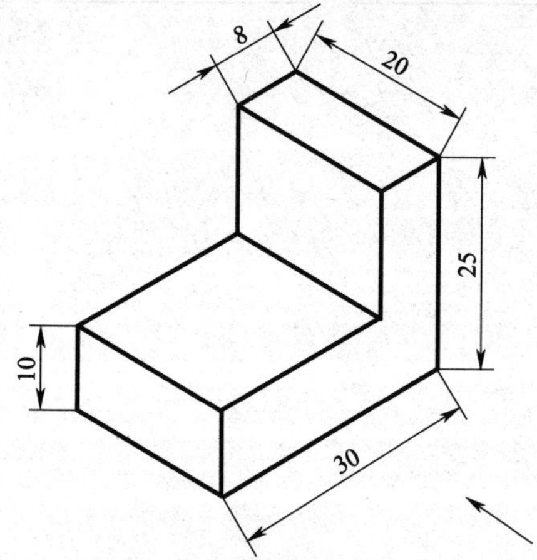


　　班级　　姓名　　学号

1—2—3 找出立体图对应的三视图，在括号内标出对应的字母，并在立体图上找出主视图的投影方向，标出“主视”二字

A

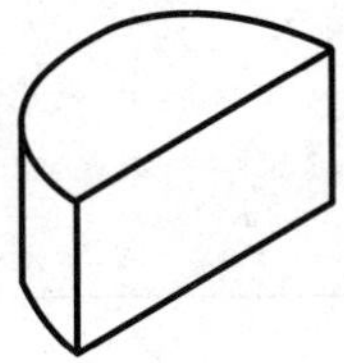

B

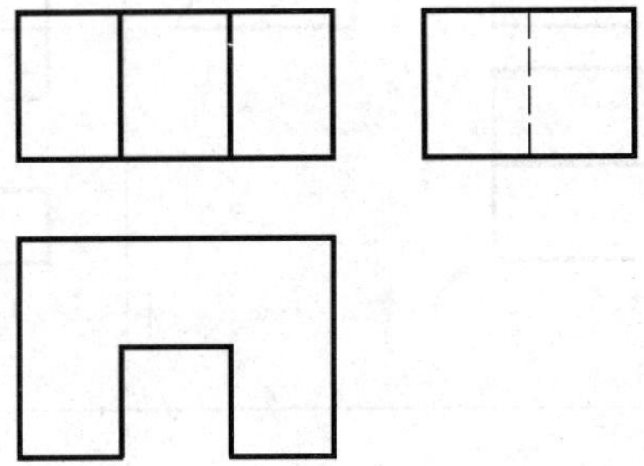

(　　)

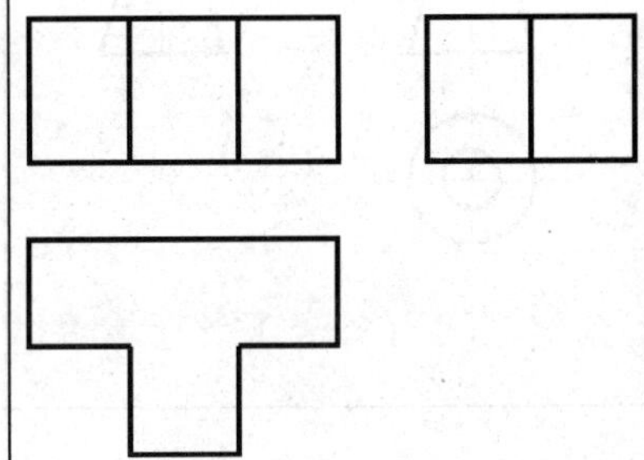

(　　)

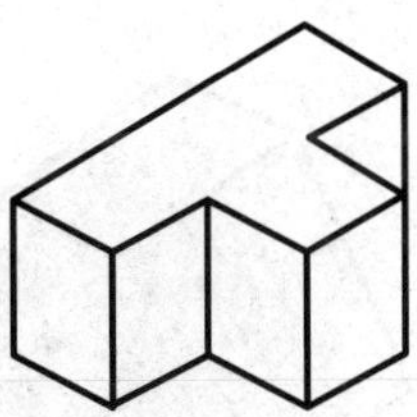

C

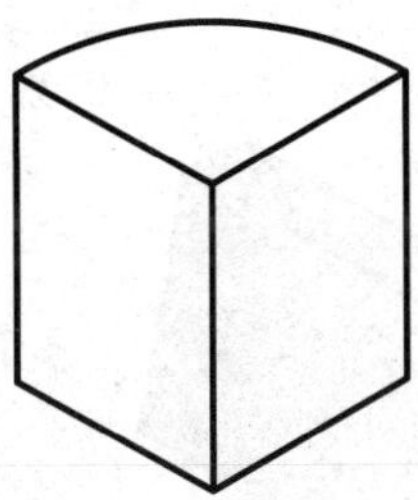

D

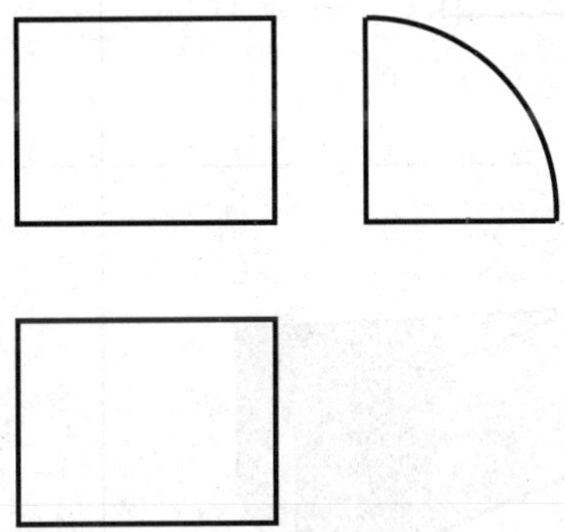

(　　)

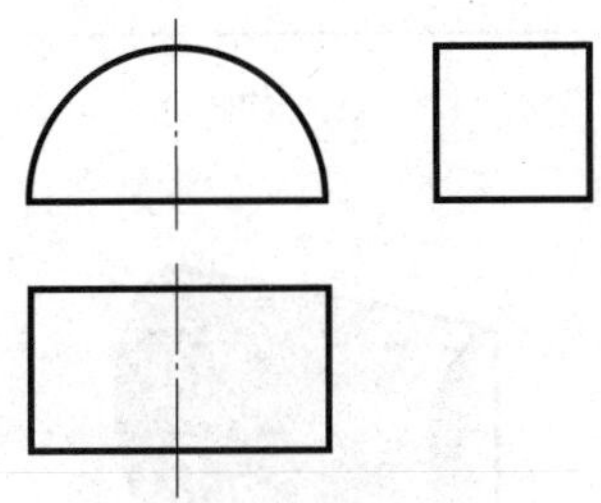

(　　)

1—2—4　在三视图下的括号内填入对应的立体图序号

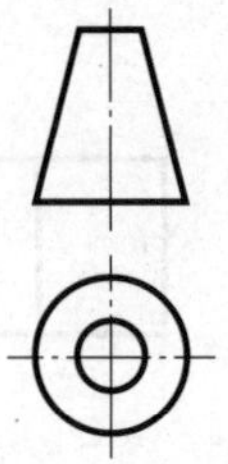

(　　)

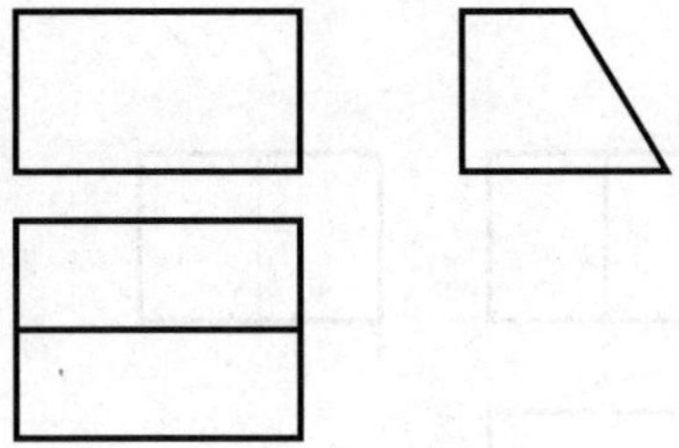

(　　)

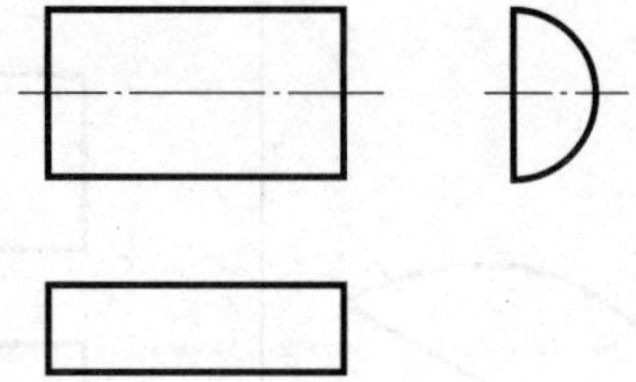

(　　)

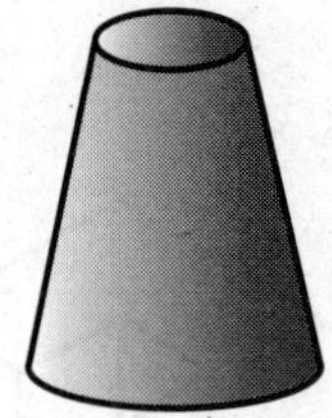

A

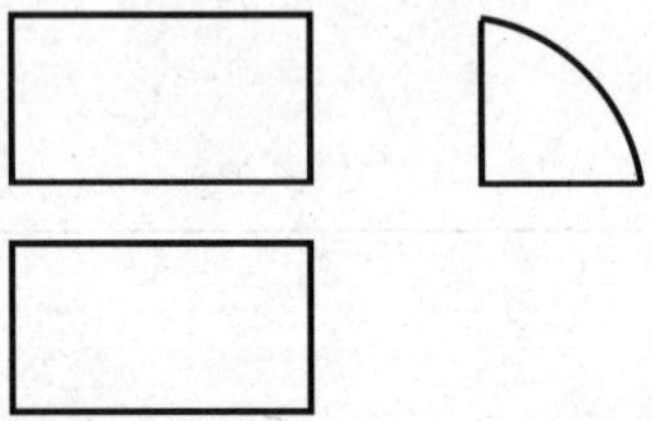

(　　)

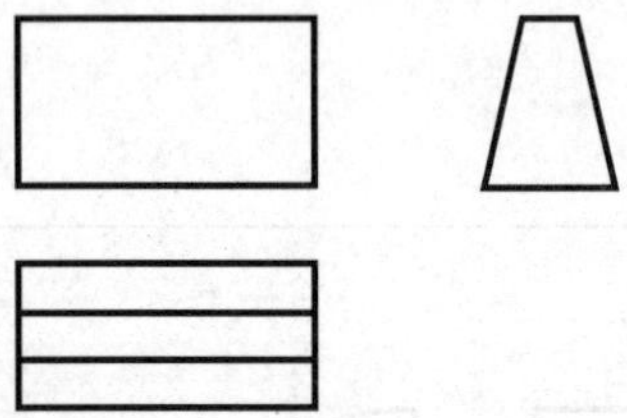

(　　)

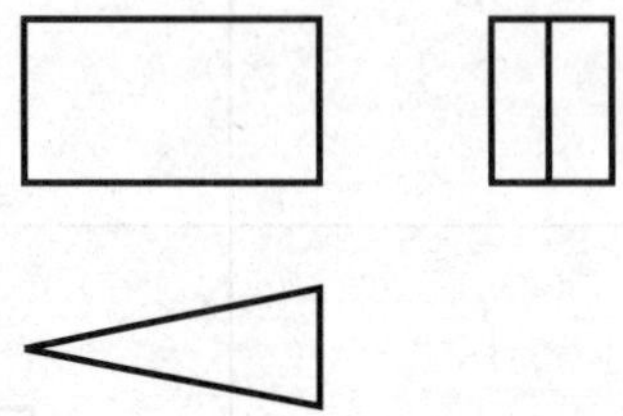

(　　)

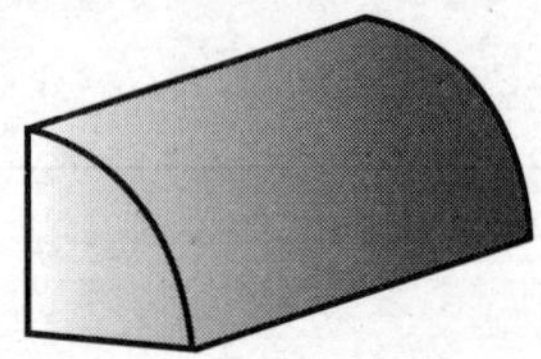

B

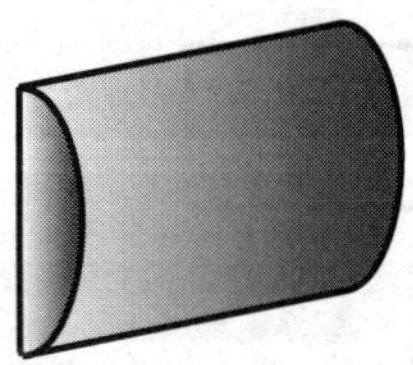

C

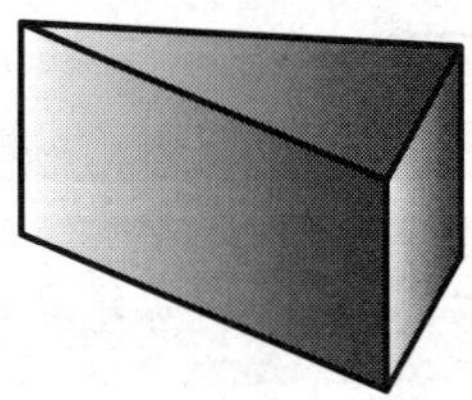

D

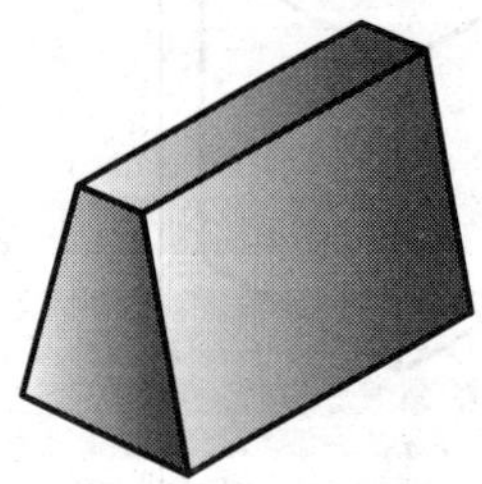

E

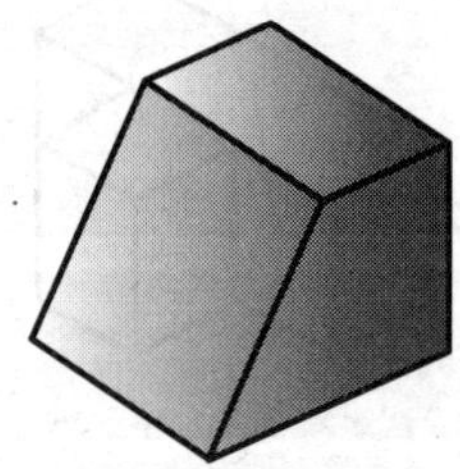

F



班级　　　姓名　　　学号

1—2—5　根据立体图和两视图补画第三视图

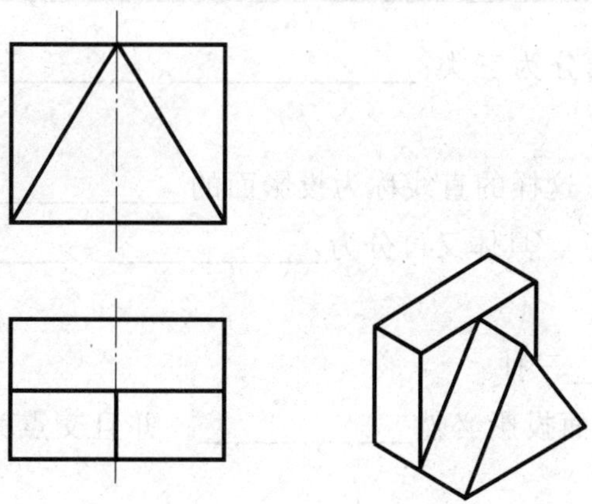

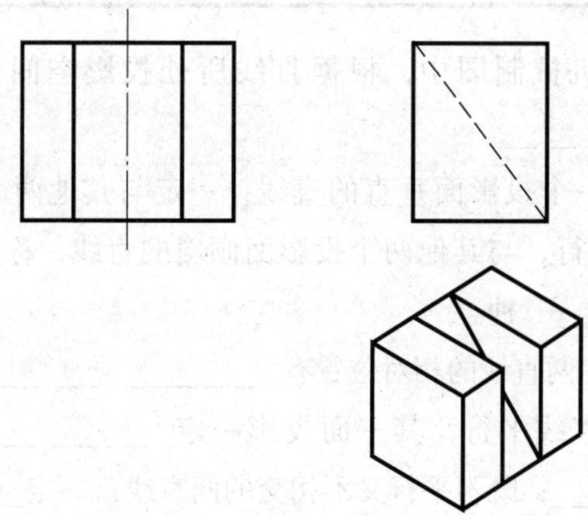

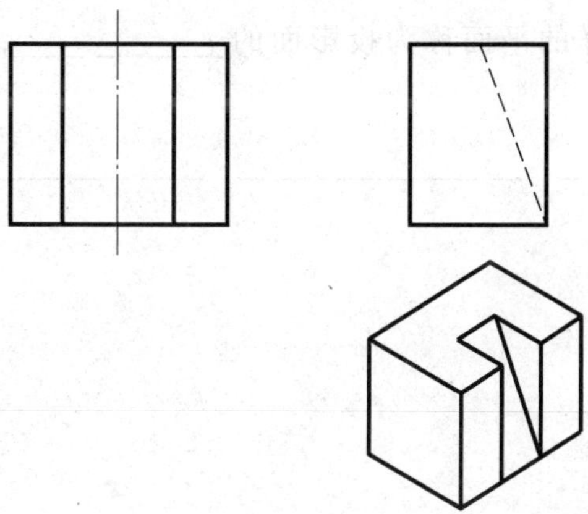

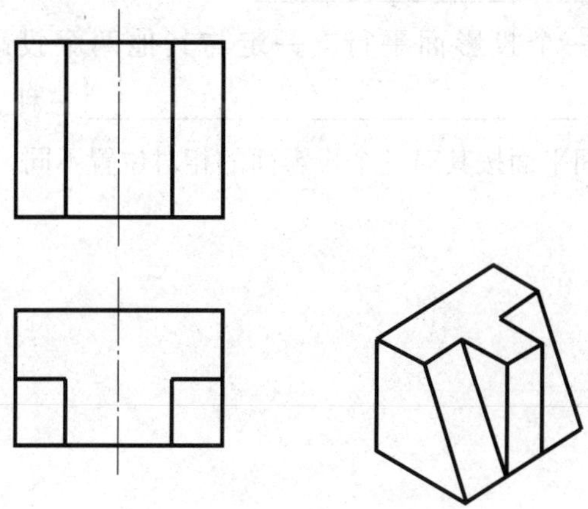

# 课题三　点、线、面的投影

1—3—1　填空题

1. 在机械制图中，根据直线所处投影空间位置的不同把空间直线分为三类：________、________和________。

2. 与一个投影面垂直的直线，一定与其他两个投影面________，这样的直线称为投影面的________线；与一个投影面平行，与其他两个投影面倾斜的直线，称为投影面的________，具体又可分为________、________、________三种。

3. 空间两直线的相对位置有________、________、________三种。

4. 两直线平行，其三面投影一定________；两直线相交，其三面投影必然________，并且交点为两直线的________；既不平行又不相交的两直线，一定________。

5. 与三个投影面都倾斜的直线称为________。

6. 与一个投影面垂直，而与其他两个投影面________的平面，称为投影面的________，又可分为________、________、________三种。

7. 与一个投影面平行，一定与其他两个投影面________，这样的平面称为投影面的________，又可分为________、________、________三种。

8. 空间平面按其对三个投影面的相对位置不同，可分为________、________、________三种。

　　班级　　姓名　　学号

## 1—3—2 判断题

1. 点在三投影面体系中的位置可以用坐标来表示。 (　　)
2. 点的两面投影连线不垂直于相应的投影轴。 (　　)
3. 点的投影到投影轴的距离等于该点到相应投影面的距离，等于该点的相应坐标。 (　　)
4. 水平线的正面投影与 $X$ 轴平行，水平投影反映线段的真实长度。 (　　)
5. 正平线的水平投影平行于 $X$ 轴，侧面投影平行于 $Z$ 轴。 (　　)
6. 正垂线的水平投影和侧面投影都平行于 $Y$ 轴，不反映实长。 (　　)
7. 画线段的三面投影实质是作两端点的三面投影，然后同面投影连线。 (　　)
8. 一般位置平面的三个投影仍都为直线，且都大于线段的实长。 (　　)
9. 投影面垂直面平行于某个投影面，而垂直于另外两个投影面。 (　　)
10. 铅垂面的水平投影积聚成平行于 $X$ 轴的直线段。 (　　)
11. 正平面的正面投影积聚为直线。 (　　)
12. 水平面的水平投影积聚为直线。 (　　)
13. 侧平面的正面投影积聚成平行于 $Z$ 轴的直线，水平投影积聚成平行于 $Y$ 轴的直线。 (　　)
14. 一般位置平面的三个投影既没有积聚性，又不反映实形，而是小于实形的类似形。 (　　)

已知点 $A$ 到 $H$ 面的距离为 25 mm，到 $V$ 面的距离为 20 mm，到 $W$ 面的距离为 20 mm，作点 $A$ 的投影。

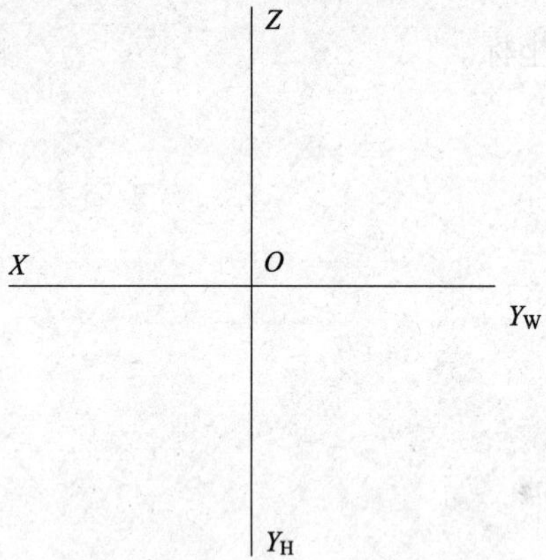


画出 $A$（10，35，15）、$B$（20，35，0）、$C$（30，0，25）三点的三面投影图。

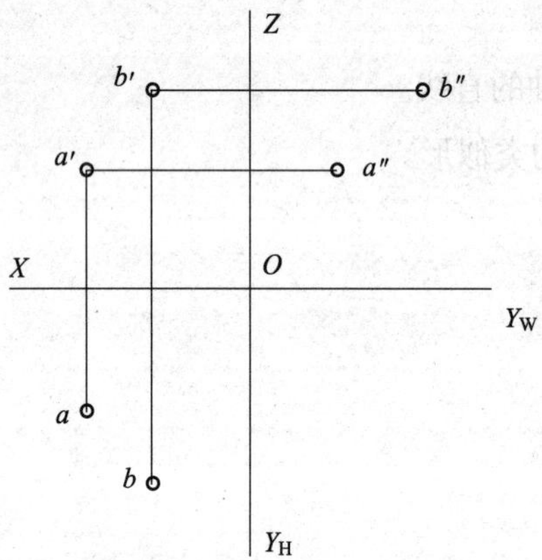


$A$ 比 $B$____（高、低），$A$ 比 $B$____（左、右），$A$ 比 $B$____（前、后）。

已知点的两面投影，求作第三面投影。

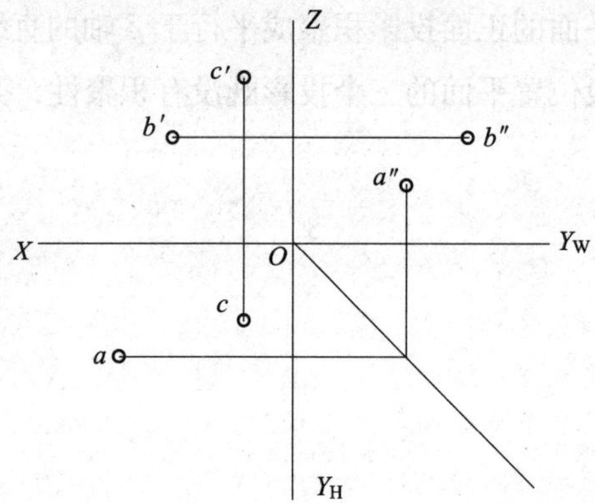

已知点 $B$ 在点 $A$ 前方 10 mm、左方 5 mm、下方 10 mm，求作点 $B$ 的三面投影，并完成点 $A$ 的三面投影。

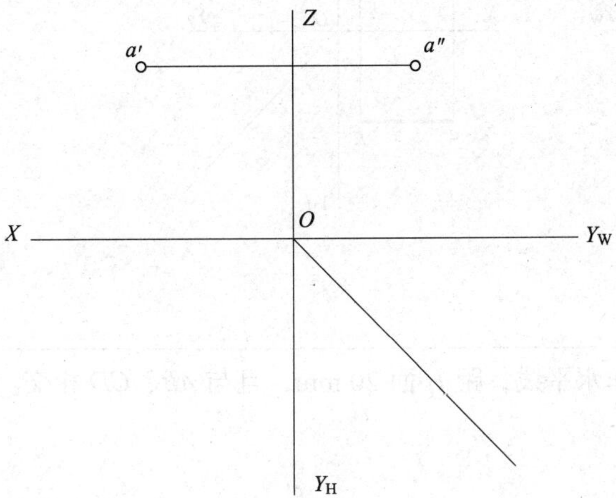


在三视图中标出点 $A$、$B$、$C$ 的投影。

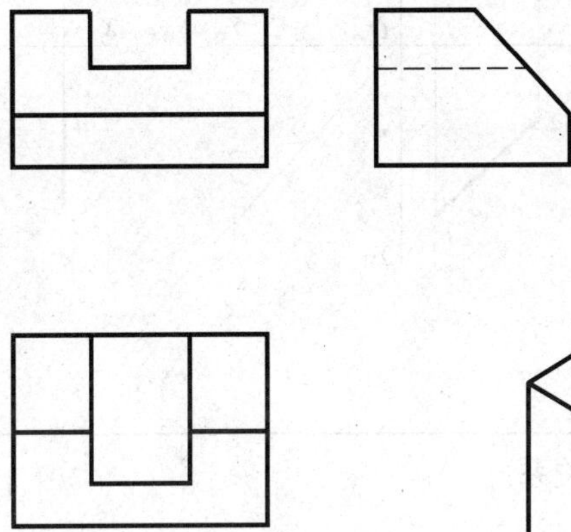

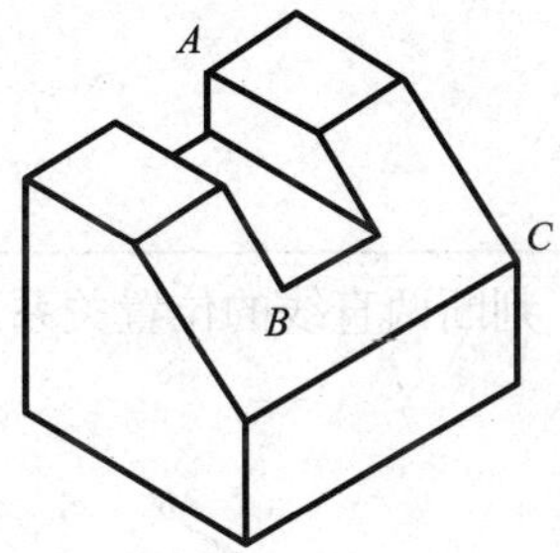

## 1—3—5 直线的投影练习（一）

已知直线的两面投影，求作第三面投影。

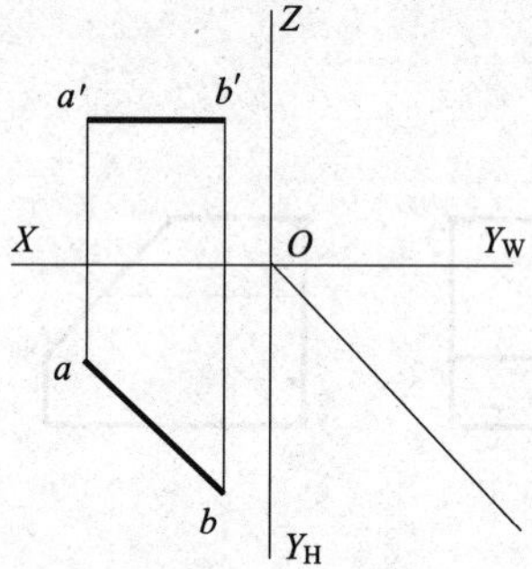


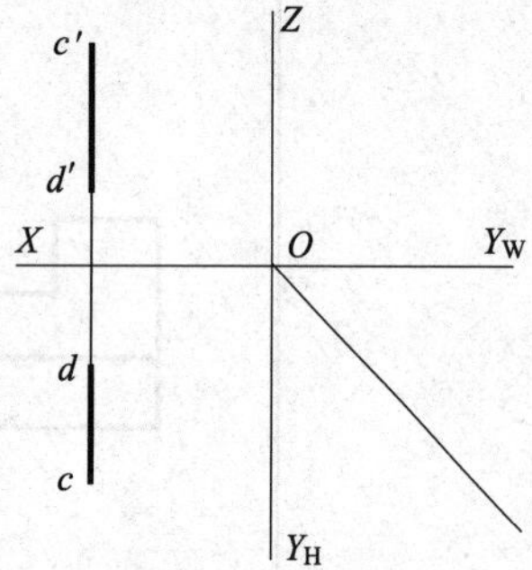


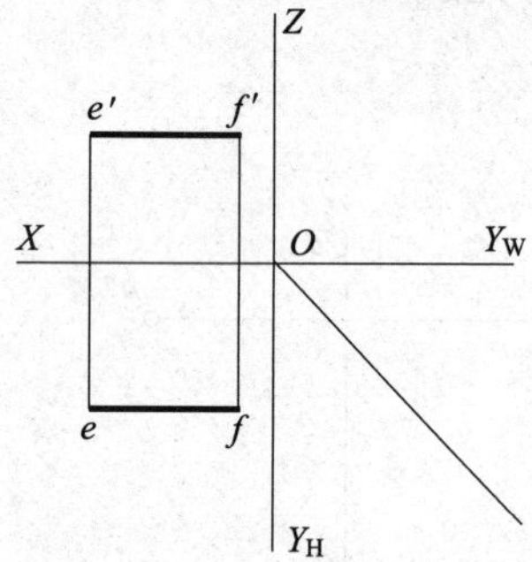


判断两直线的位置关系。

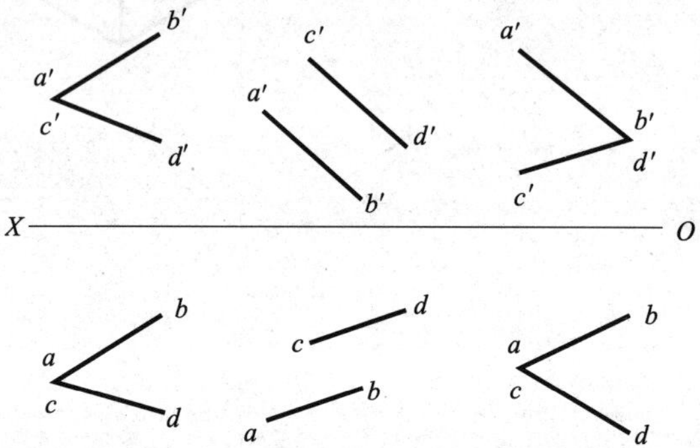


（　　）　（　　）　（　　）

求作水平线，距 *H* 面 20 mm，且与 *AB*、*CD* 相交。

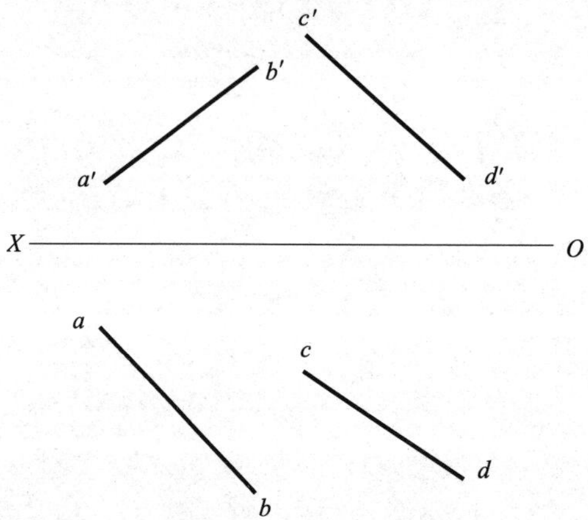


　班级　　姓名　　学号

## 1—3—6　直线的投影练习（二）

在三视图上标出直线的投影，并判断直线的类型。

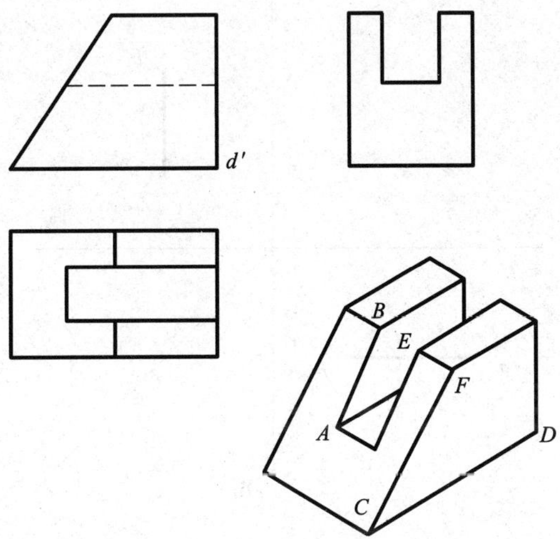


*AB* 是（　　　　）线

*CD* 是（　　　　）线

*EF* 是（　　　　）线

过点 *A* 作一条直线，使其与 *DE*、*BC* 相交。

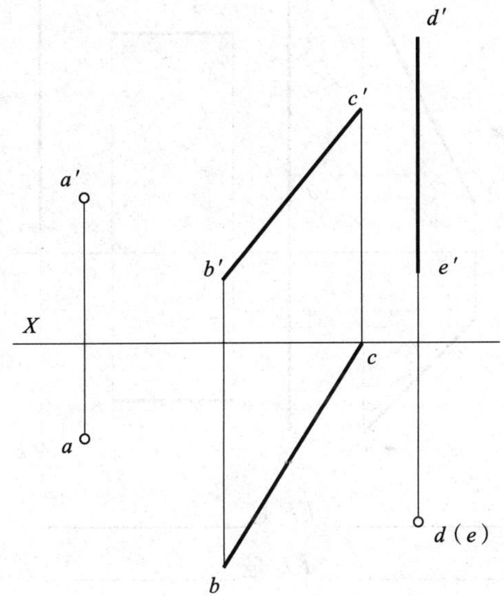

判断下列直线与投影面的相对位置。

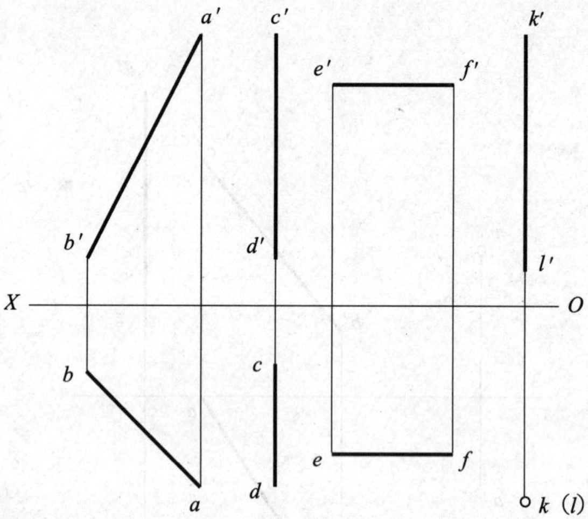


*AB* 是______________ *EF* 是______________

*CD* 是______________ *KL* 是______________

根据直线 *AB* 的两面投影作第三面投影，并判断其类型。

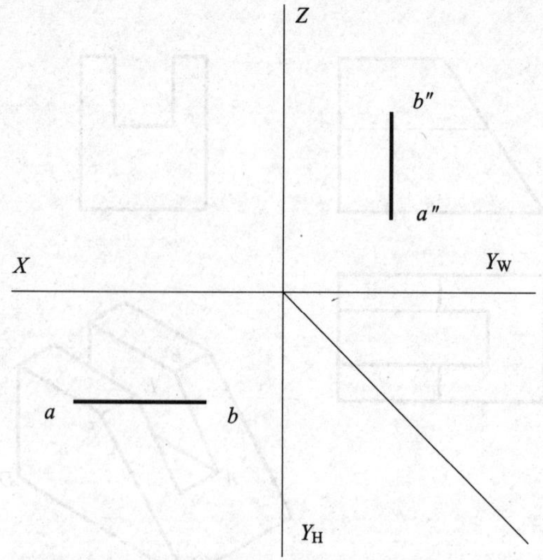


*AB* 是______________线

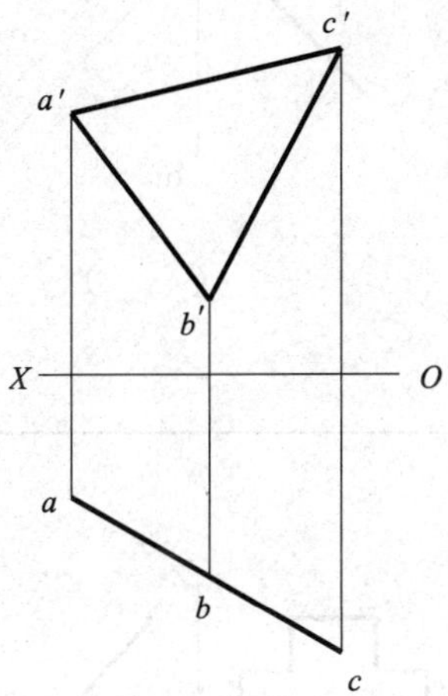


△*ABC* 是________面

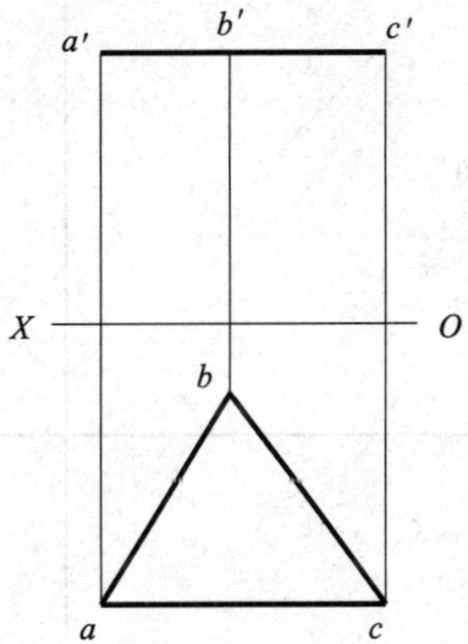


△*ABC* 是________面

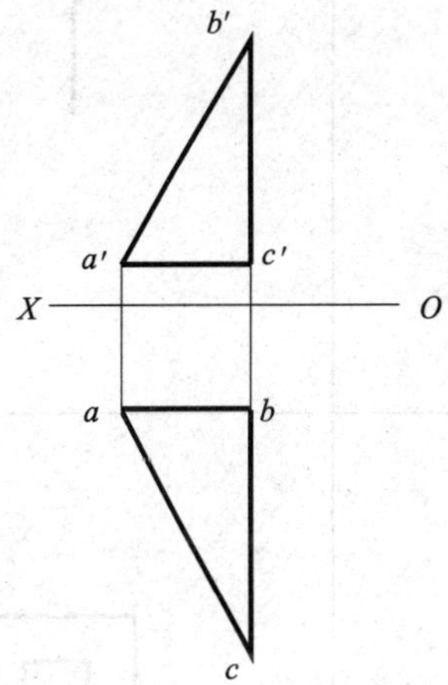


△*ABC* 是________面

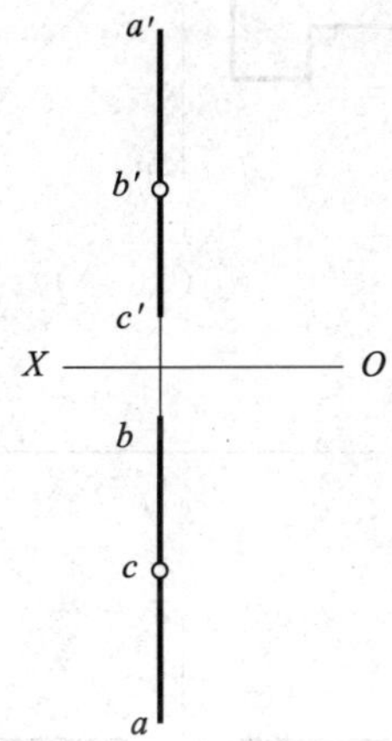


△*ABC* 是________面

1—3—9　判断平面的类型

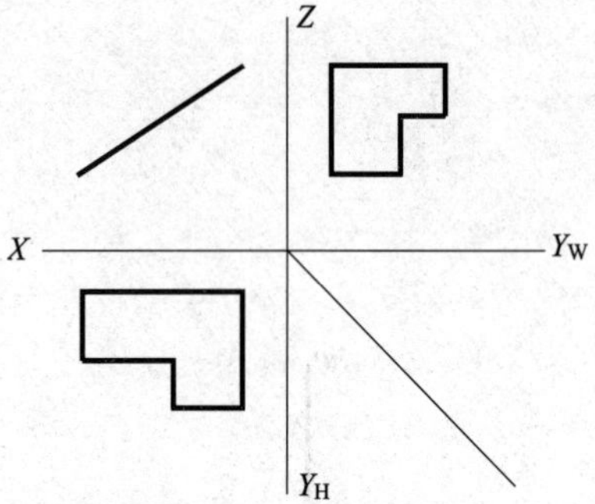


(　　)

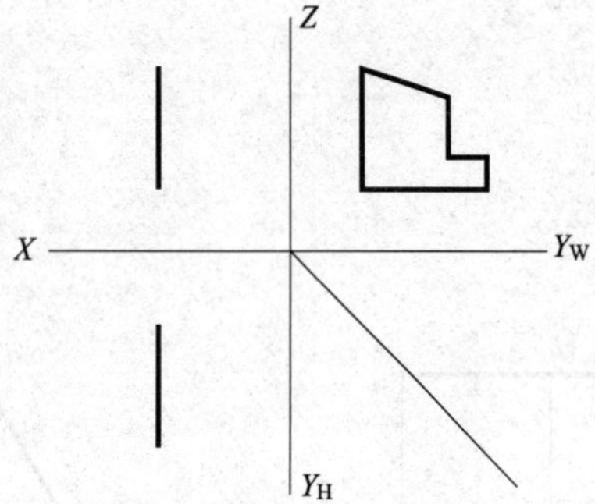


(　　)

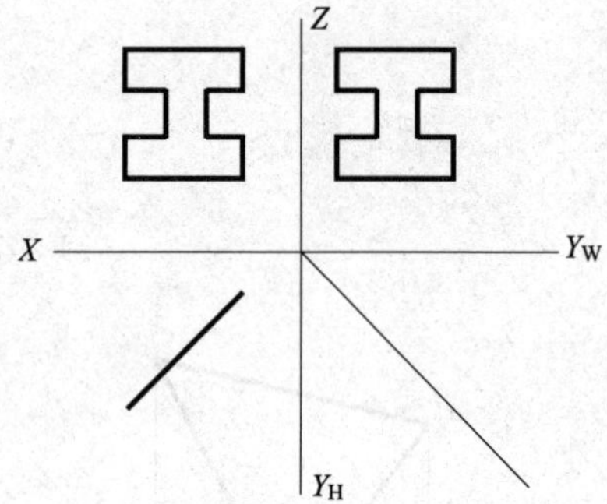


(　　)

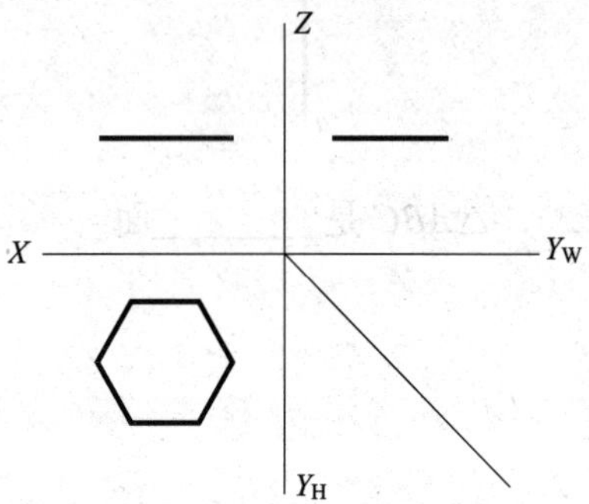


(　　)

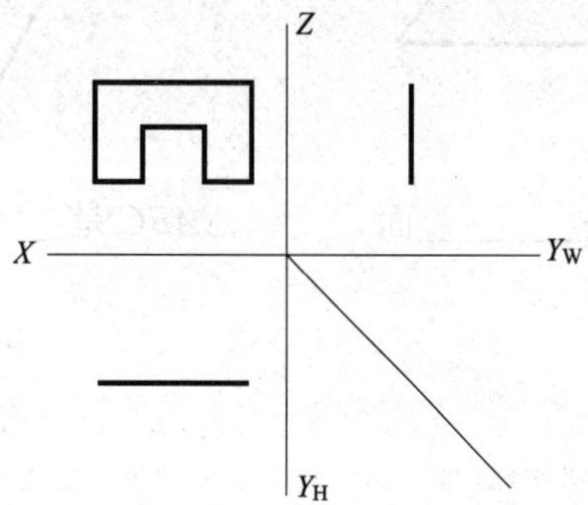


(　　)

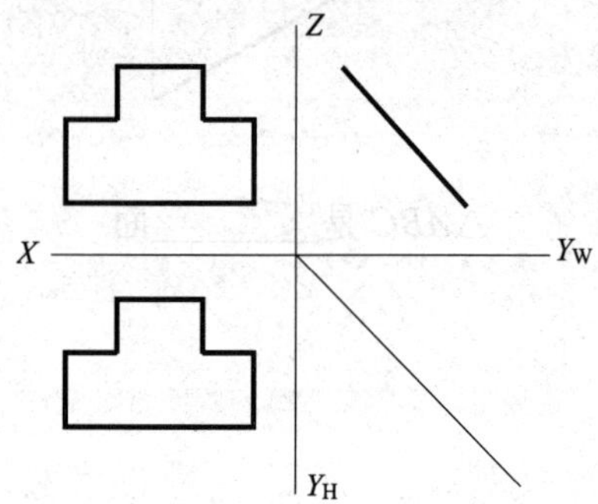


(　　)

　　班级　　姓名　　学号

1—3—10　在立体图的三视图中标出 *A*、*B*、*C*、*D* 各平面，并填空

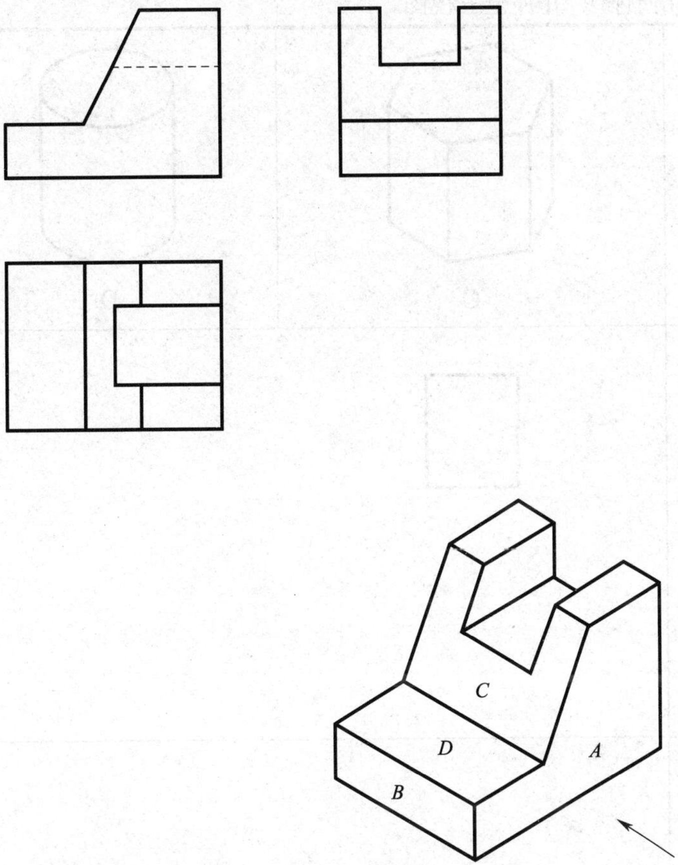


*A* 平面是______平面，*B* 平面是______平面，*C* 平面是______平面，*D* 平面是______平面。

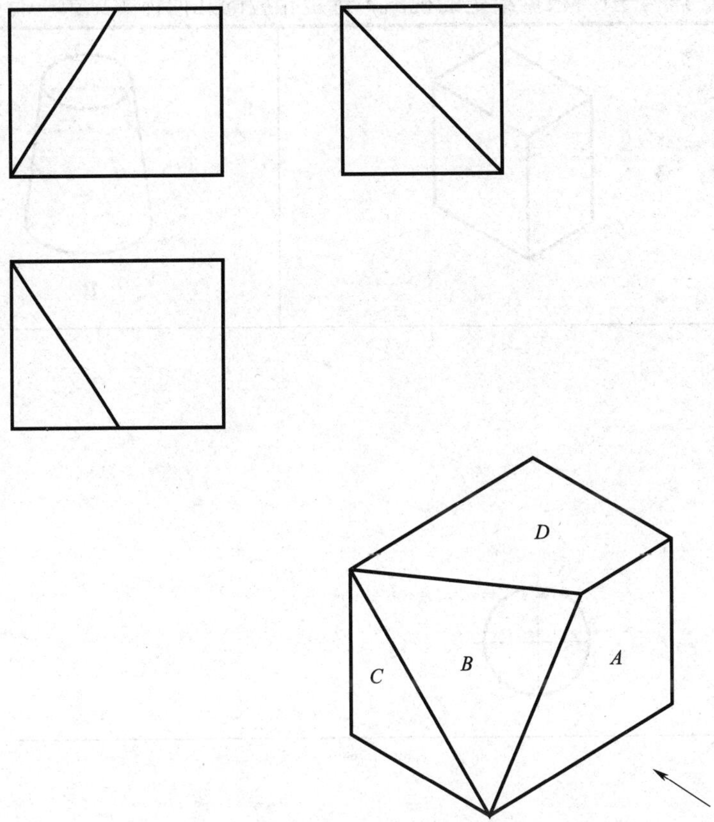


*A* 平面是______平面，*B* 平面是______平面，*C* 平面是______平面，*D* 平面是______平面。

# 课题四　绘制基本几何体的三视图

1—4—1　根据给定的视图，选定相应的几何体（见第一行中四个几何体），并补全三视图

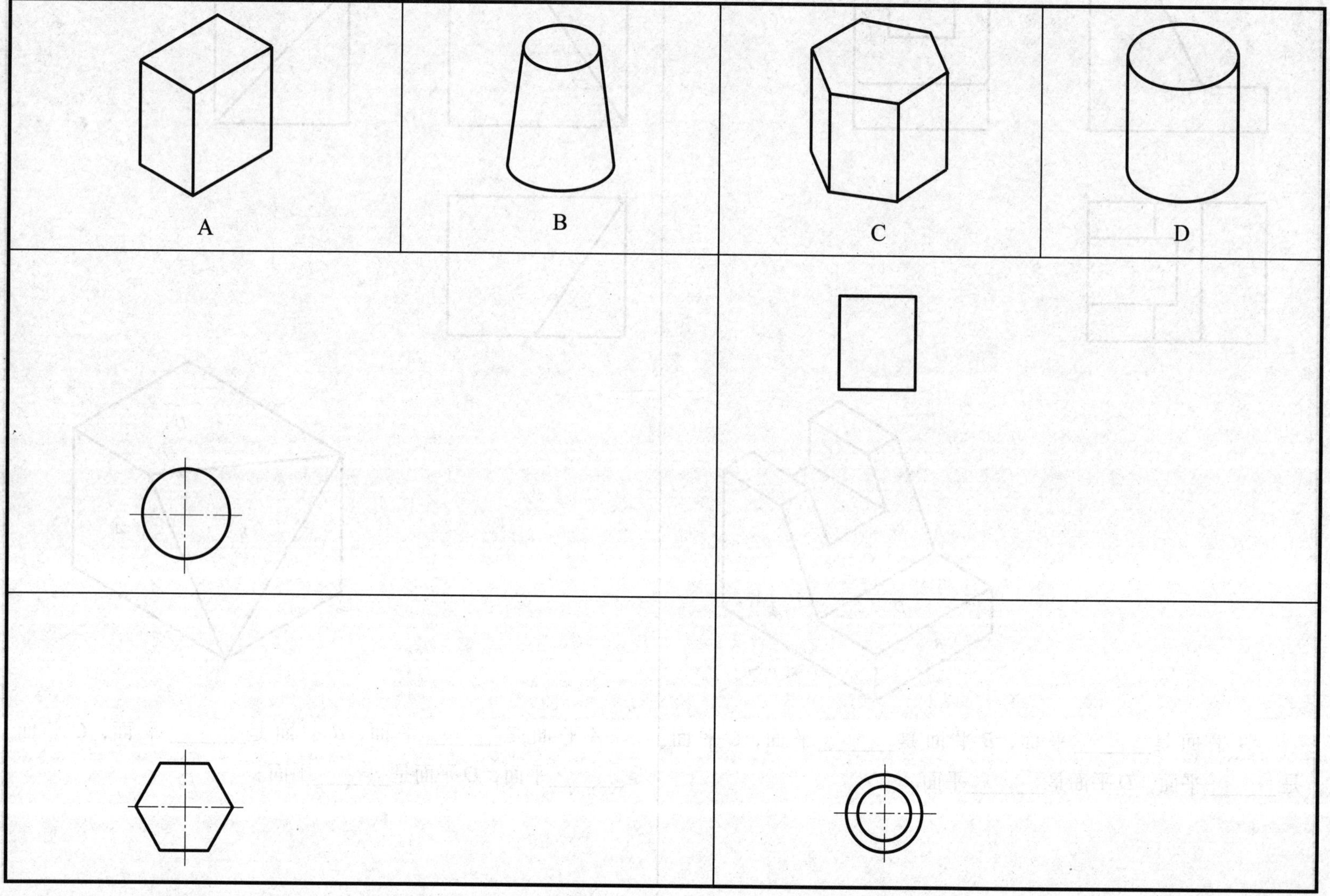




班级　　　　姓名　　　　学号

1—4—2　根据给定的两视图补全三视图

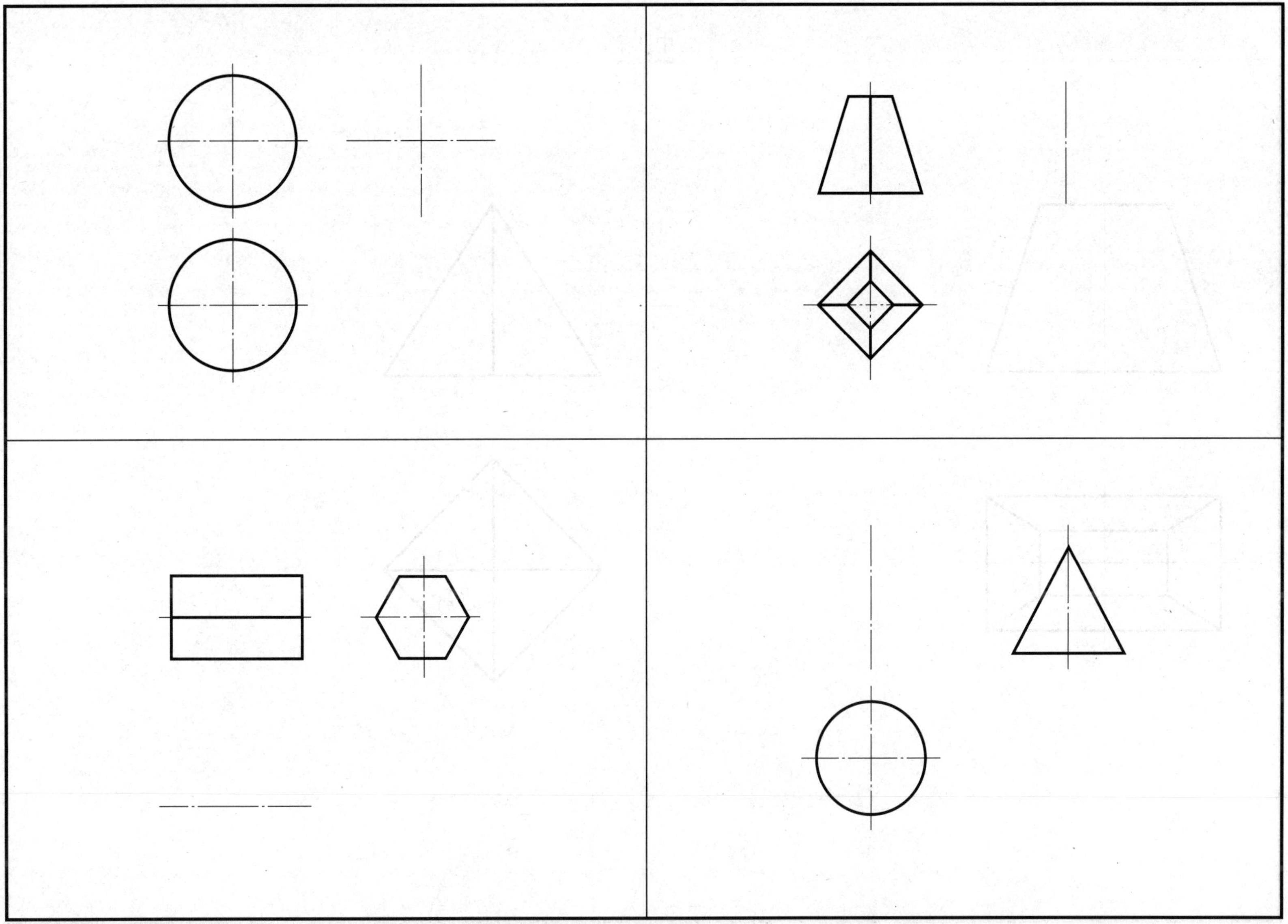

1—4—3*　补全立体的三面投影，并作表面内已知点的三面投影（注：标注 * 的题目难度较大，可作为选做题，全书同）

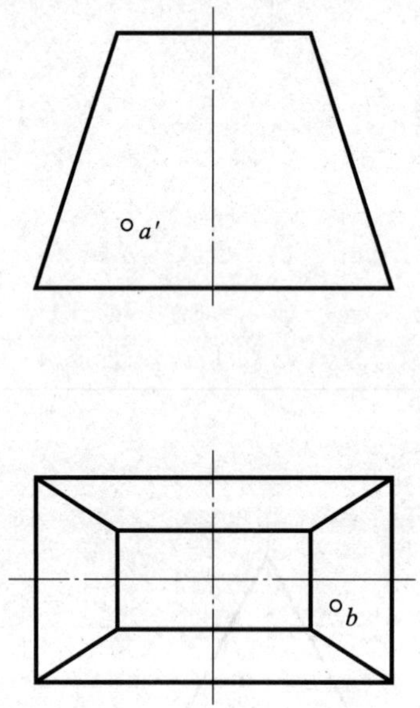


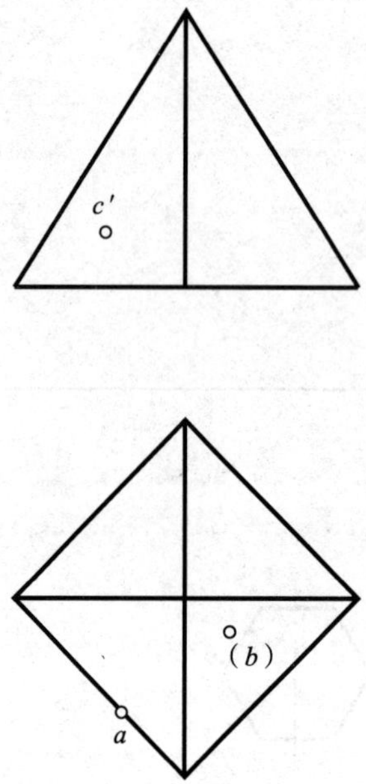




班级　　　　姓名　　　　学号

# 模块二　绘制组合体的三视图

## 课题一　截交线和相贯线

2—1—1　填空题

1. 立体被平面截切所产生的表面交线称为__________。两立体相交所产生的表面交线称为___________。
2. 立体表面交线的基本性质是______________和_____________。
3. 平面体的截交线为封闭的_______________，其形状取决于截平面所截到的棱边个数和交到平面的情况。
4. 曲面体的截交线通常为___________或________________。
5. 圆柱被平面截切后产生的截交线形状有____________、________________、________三种。
6. 圆锥被平面截切后产生的截交线形状有________、_____________、_____________、___________、___________五种。
7. 当平面平行于圆柱轴线截切时，截交线的形状是________________；当平面垂直于圆柱轴线截切时，截交线的形状是_____；当平面倾斜于圆柱轴线截切时，截交线的形状是_____________。
8. 相贯线一般是____________，有时也为______________或__________。
9. 相贯线一般是封闭的_____________或_________________。
10. 直径相等的两圆柱正交，相贯线是___________________________。

2—1—2　根据给出的两视图选择正确的第三视图

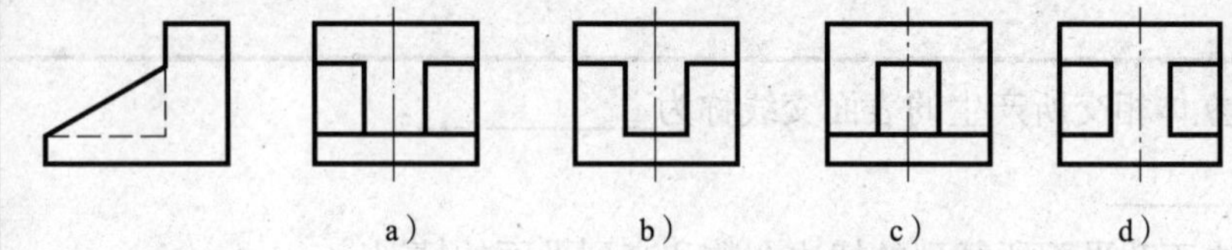


（　　）

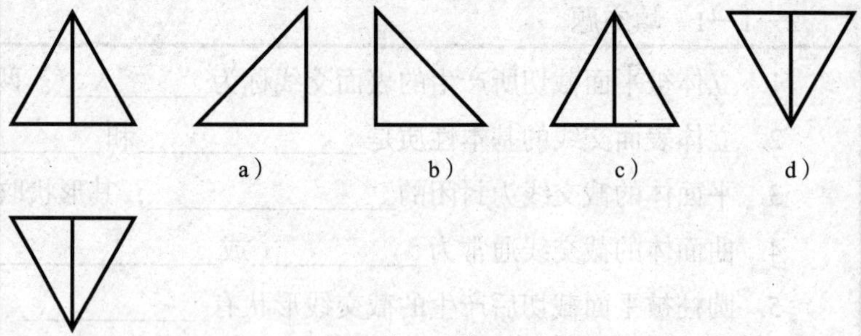


（　　）

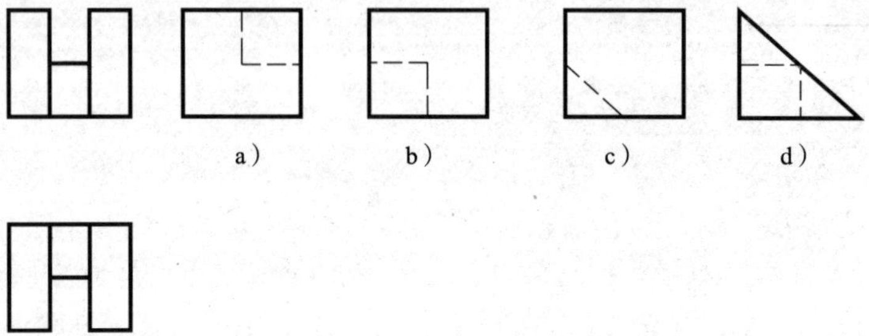


（　　）

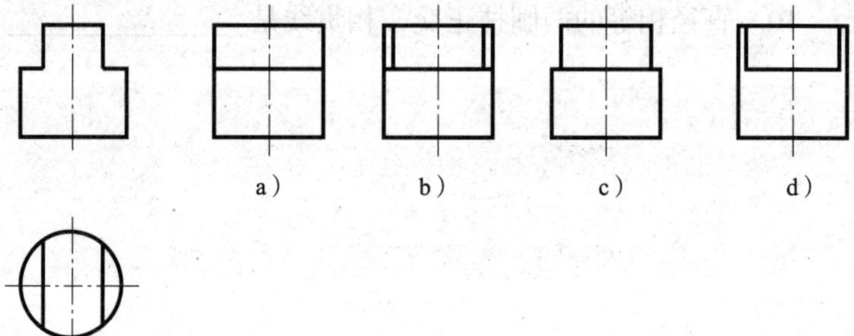


（　　）

2—1—3　根据两视图补画第三视图（一）

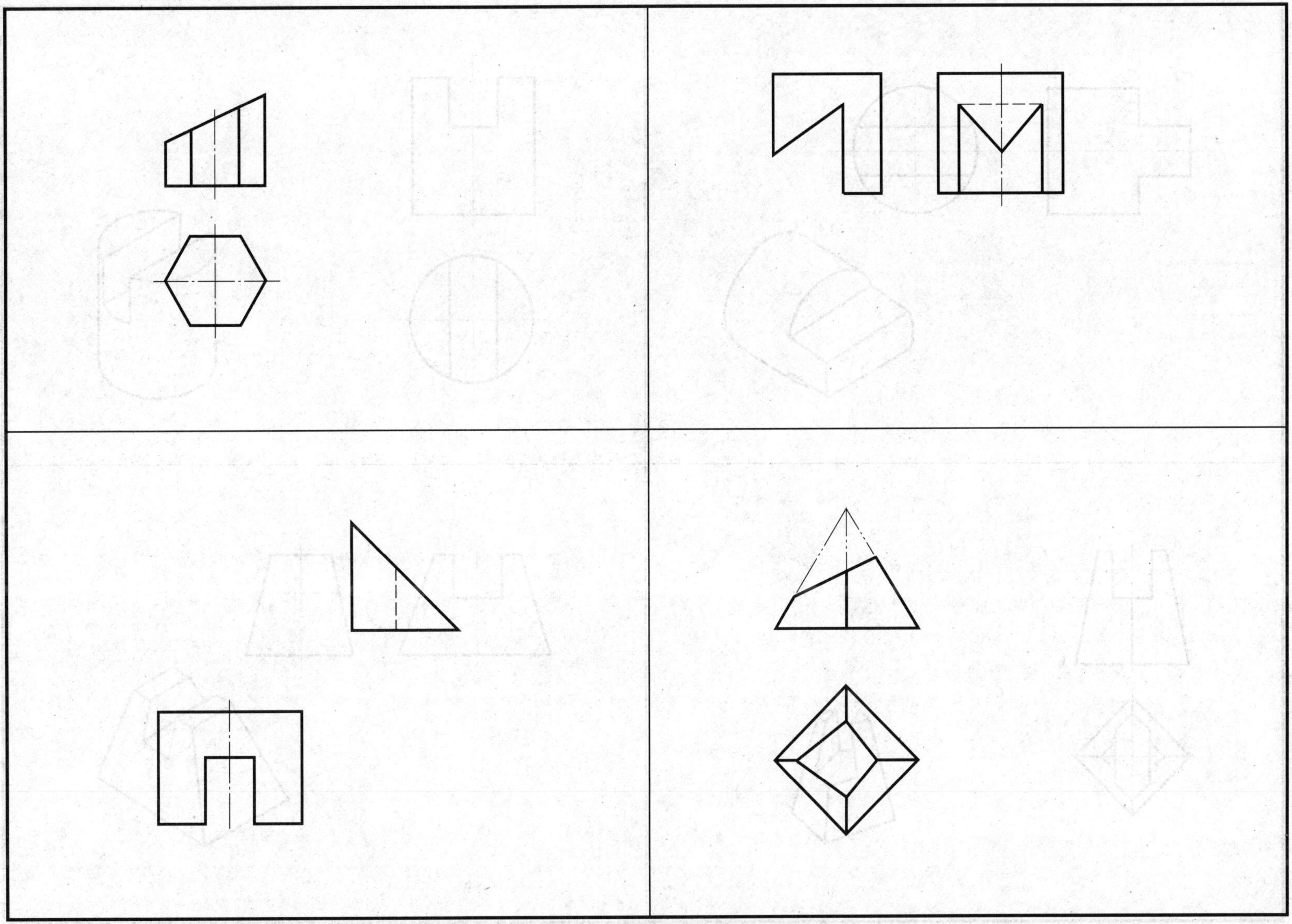

## 2—1—4　根据两视图补画第三视图（二）

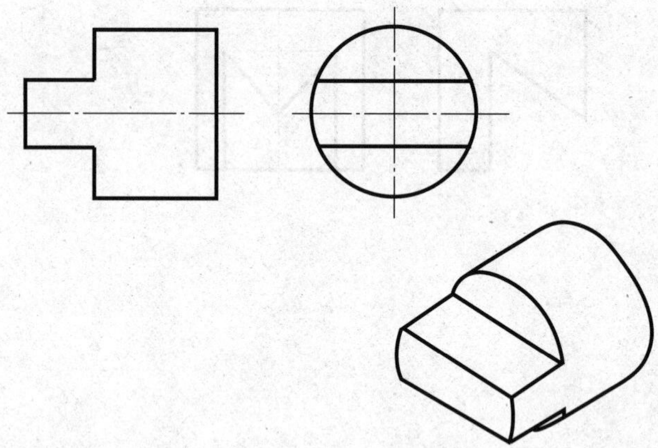

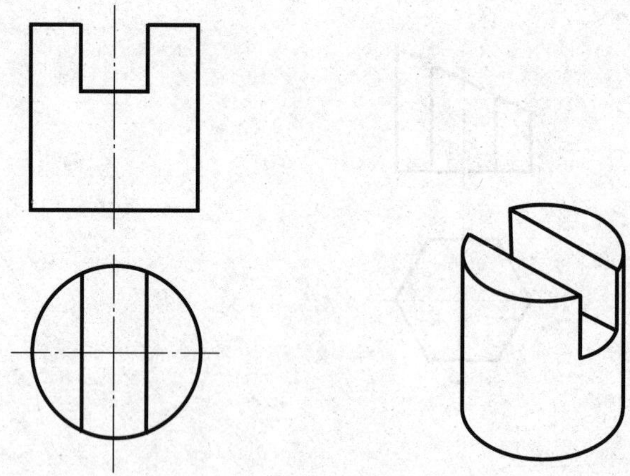

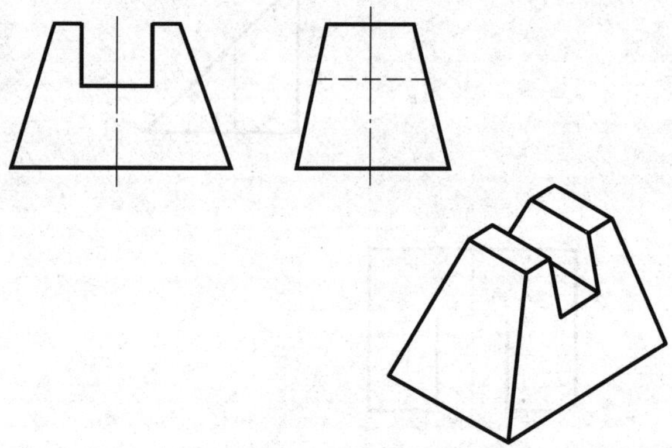

2—1—5　求作截交线，并完成三视图

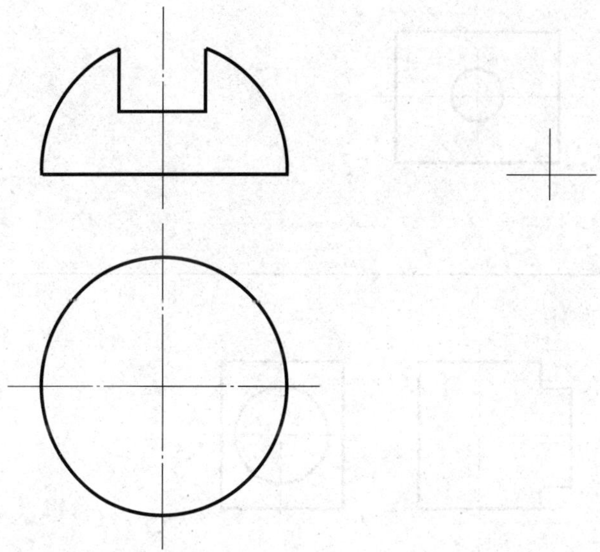

2—1—6　求作相贯线的投影，并完成三视图

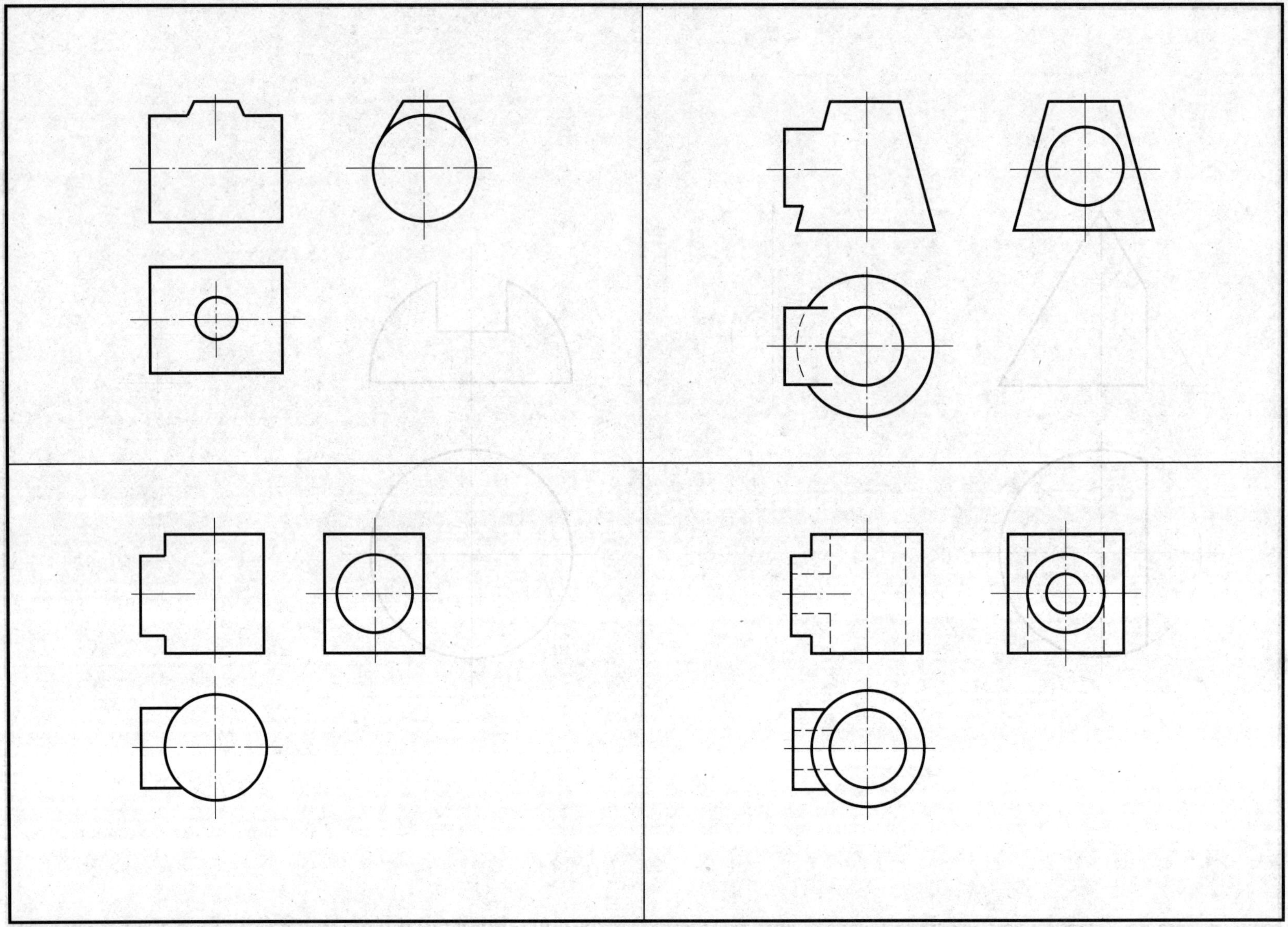

　　班级　　姓名　　学号

2—1—7　求作相贯线

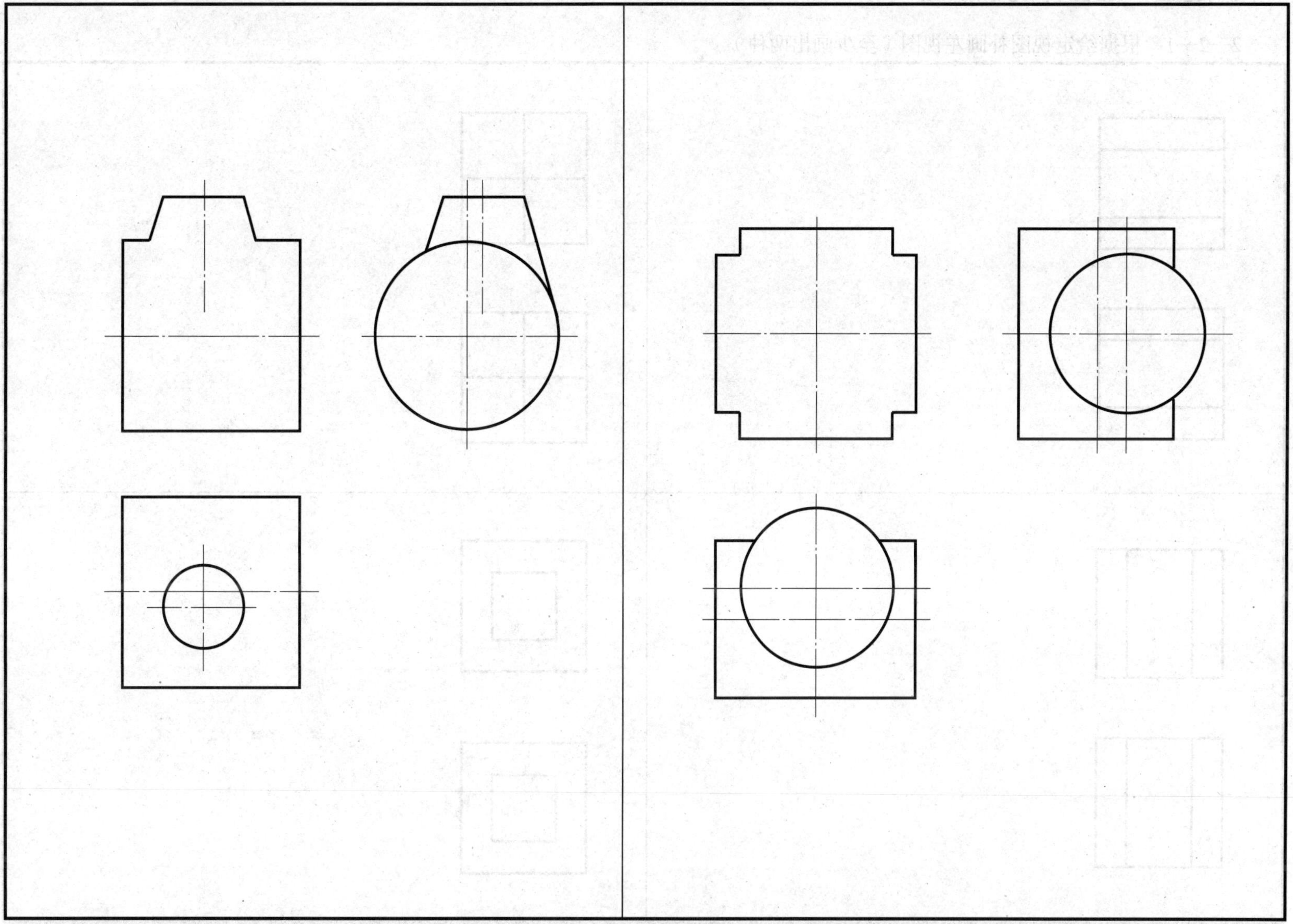

# 课题二　组合体的三视图

2—2—1　根据给定视图补画左视图（至少画出两种）

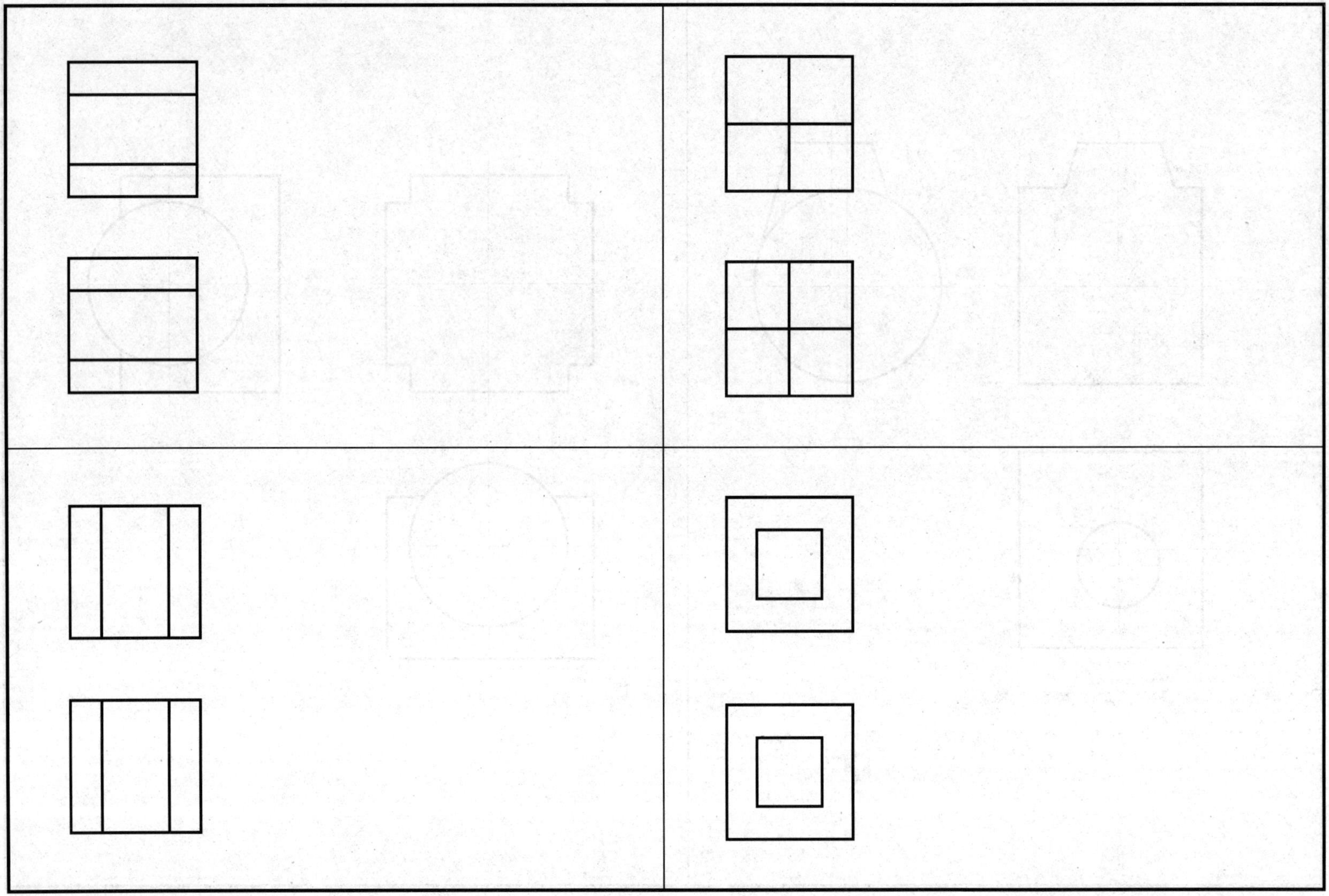



班级　　　　姓名　　　　学号

2—2—2　根据立体图，绘制组合体的三视图（一）（尺寸从图中量取，取整数）

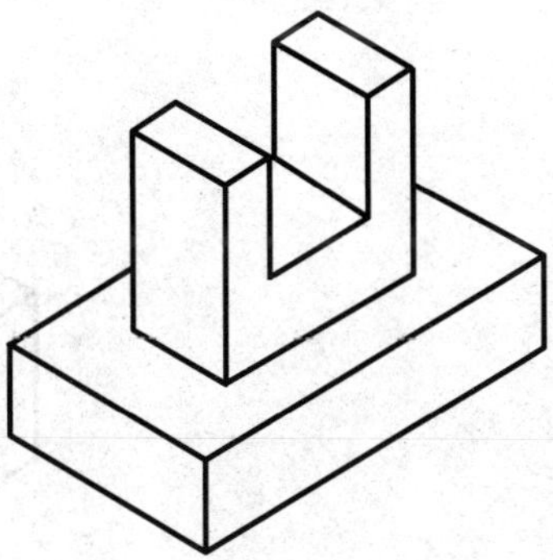

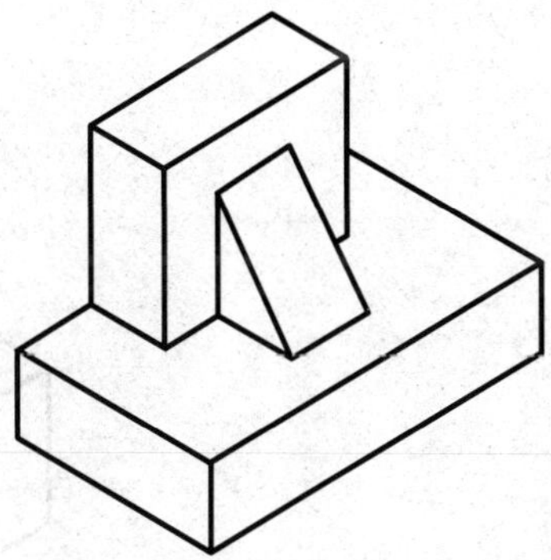

2—2—3　根据立体图，绘制组合体的三视图（二）（尺寸从图中量取，取整数）

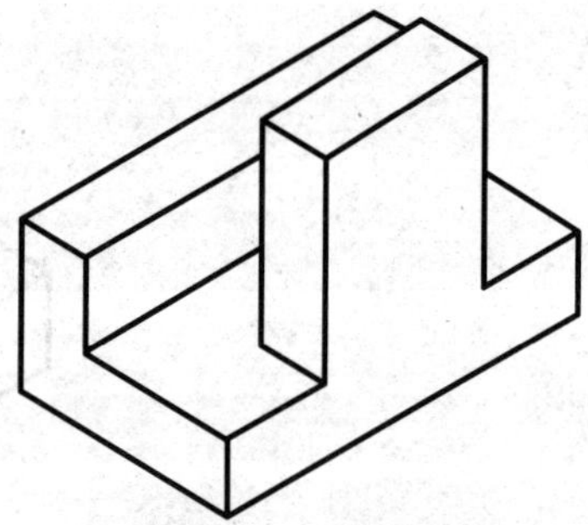

　　班级　　姓名　　学号

2—2—4　对照轴测图，补画三视图中的缺线（一）

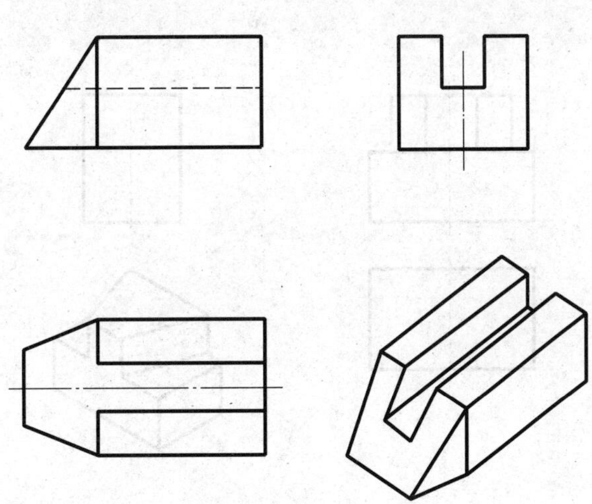

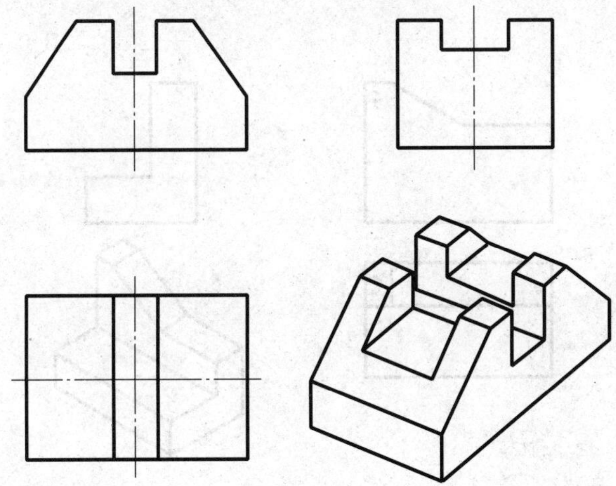

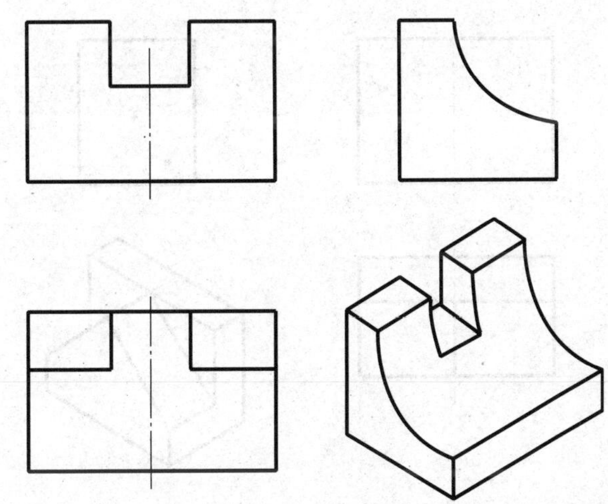

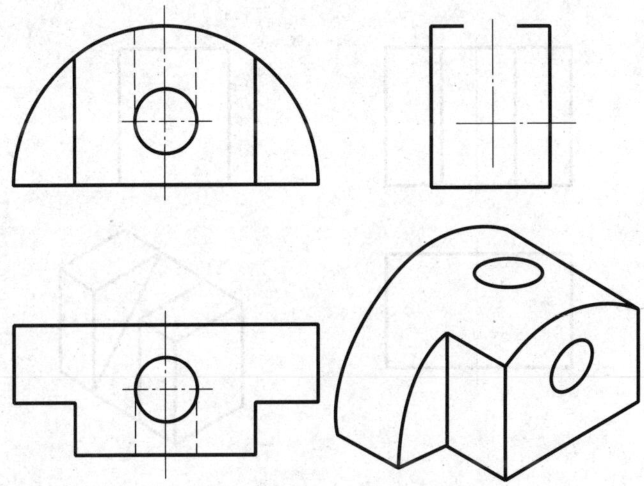

2—2—5　对照轴测图，补画三视图中的缺线（二）

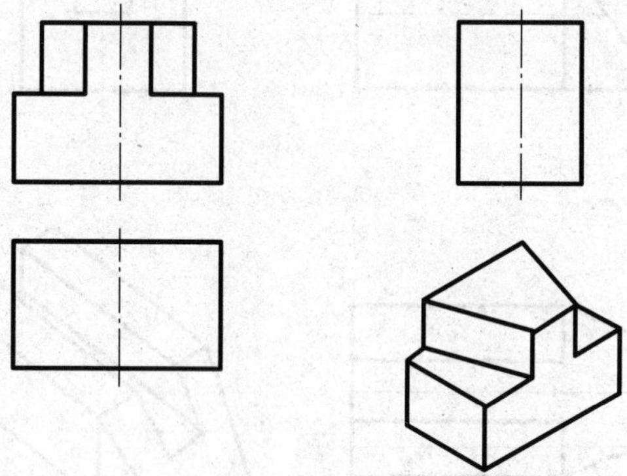

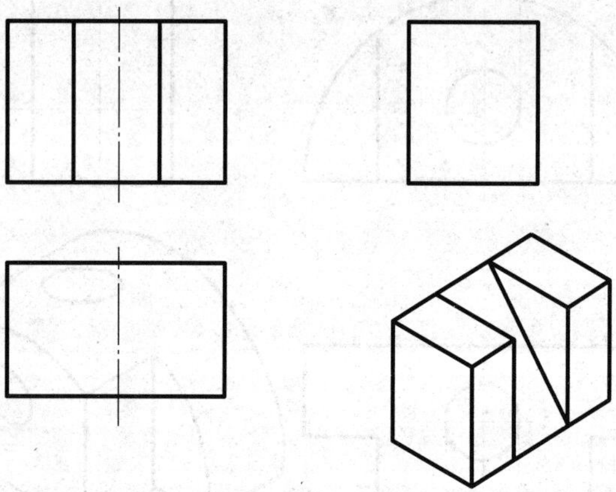

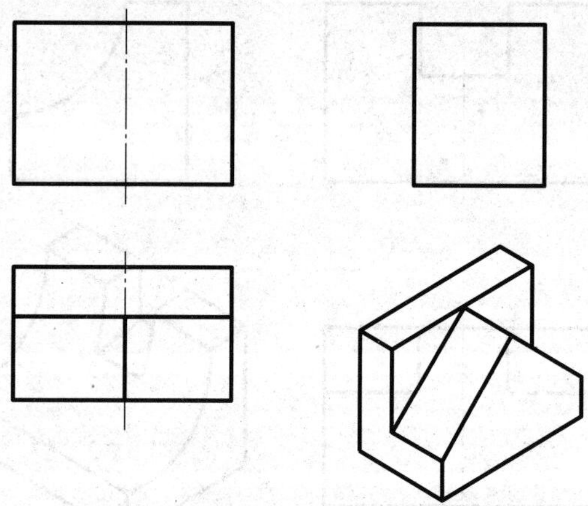



班级　　　　姓名　　　　学号

2—2—6　根据立体图和已知视图绘制第三视图

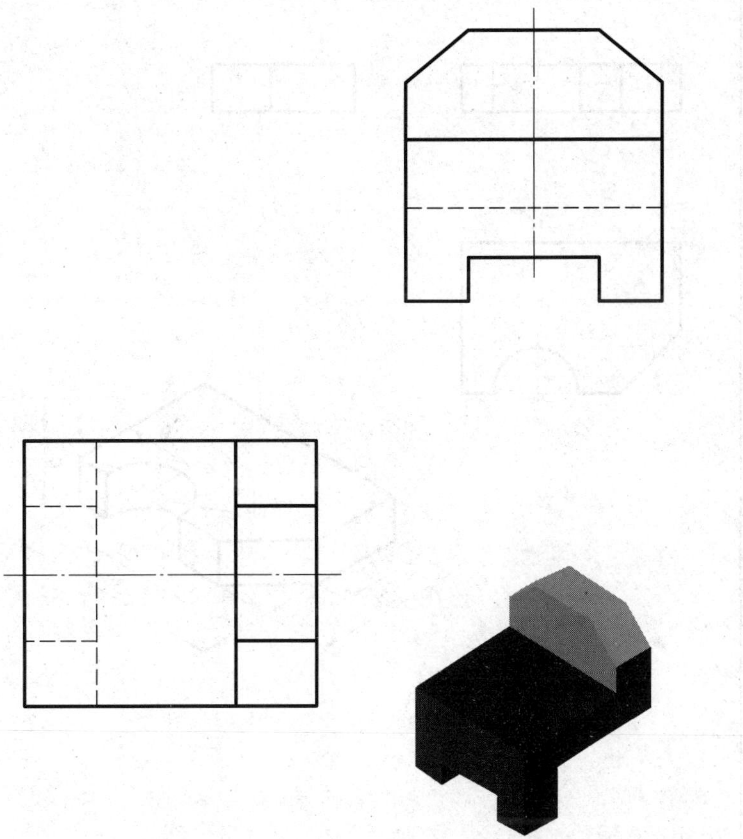

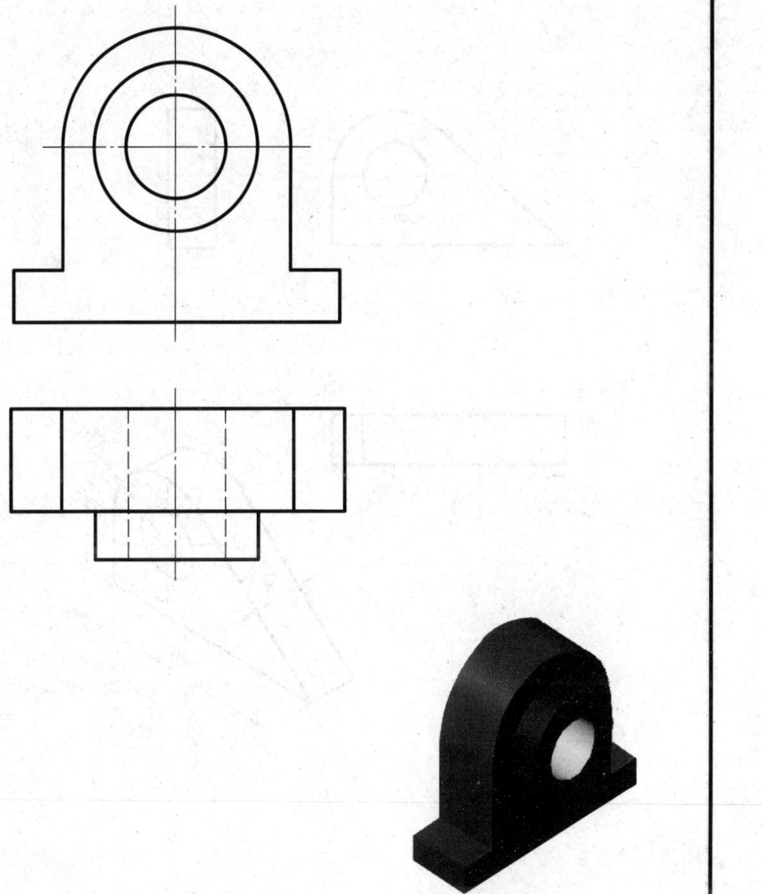

## 课题三　组合体的尺寸标注

2—3—1　根据立体图上给定的尺寸，在三视图上标注尺寸

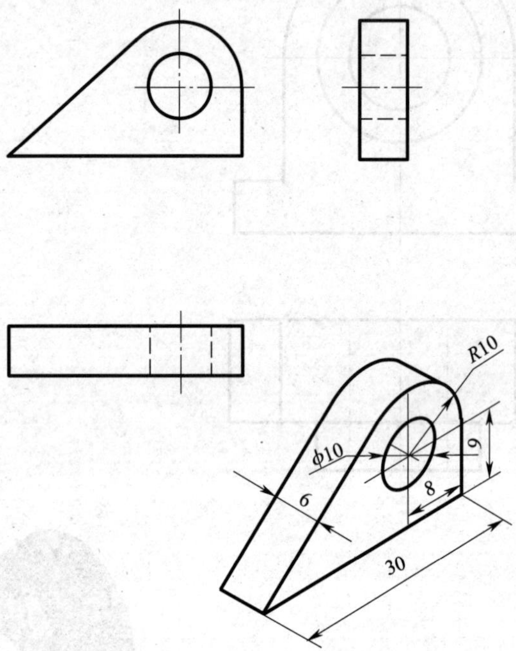


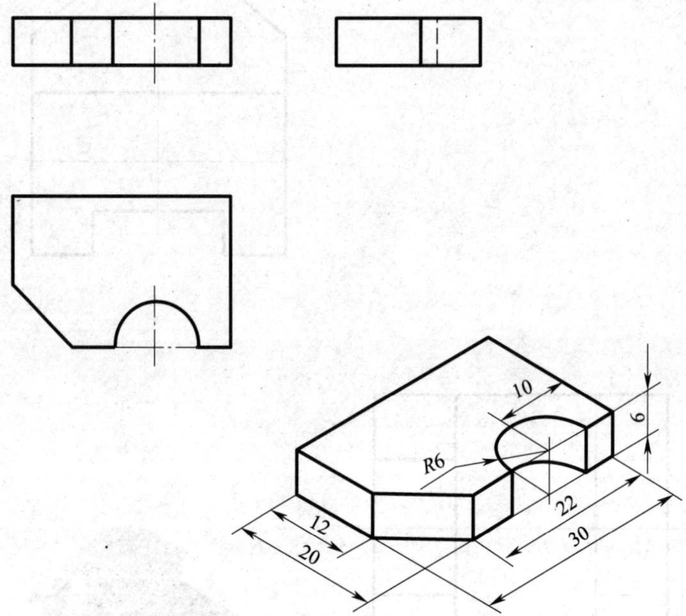

2—3—2 在组合体的视图上标注尺寸（尺寸从图中量取，取整数）

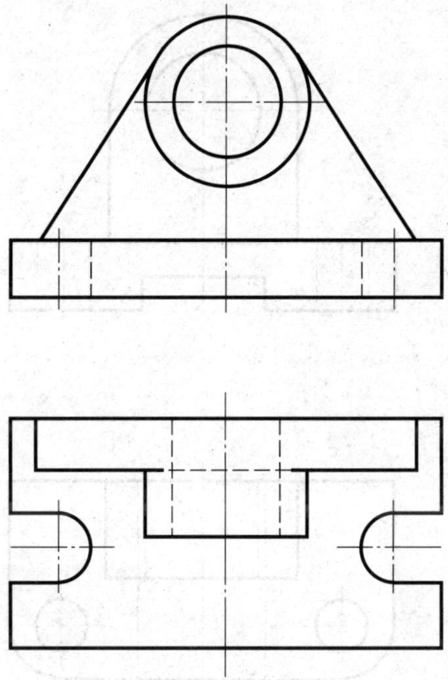

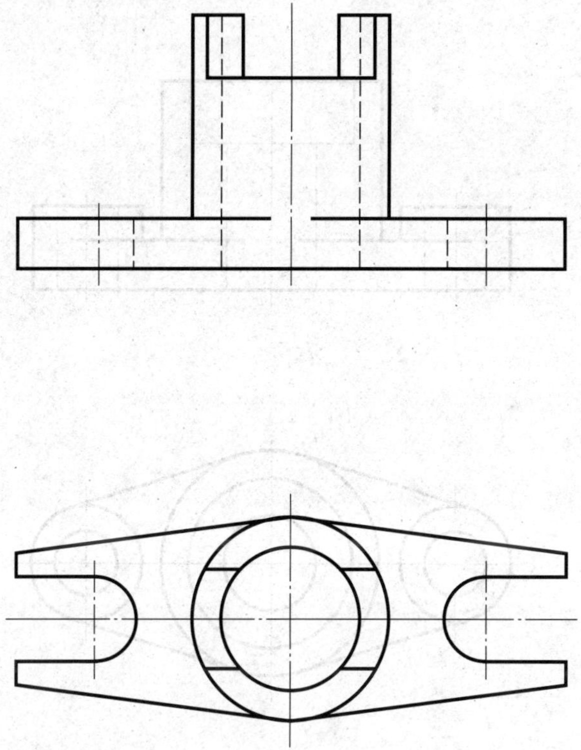

2—3—3　在组合体的视图上标注尺寸（尺寸从图中量取，取整数）

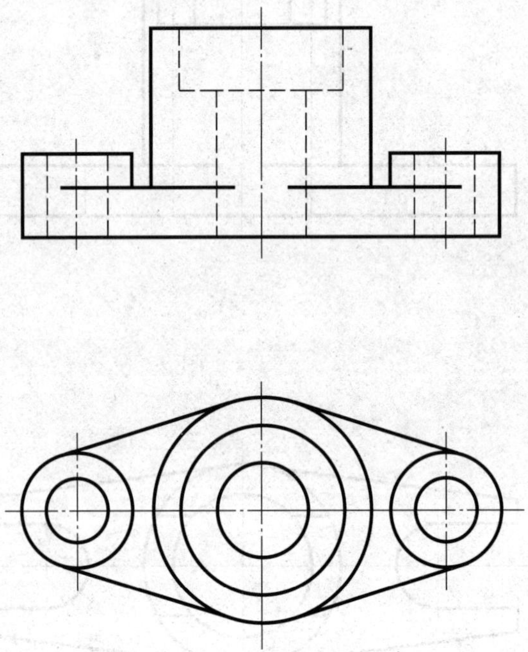

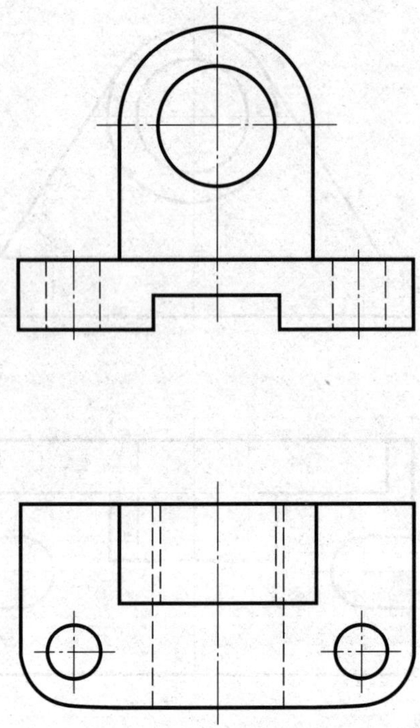



班级　　　　姓名　　　　学号

2—3—4　指出标错的尺寸（打叉），并标注漏标的尺寸

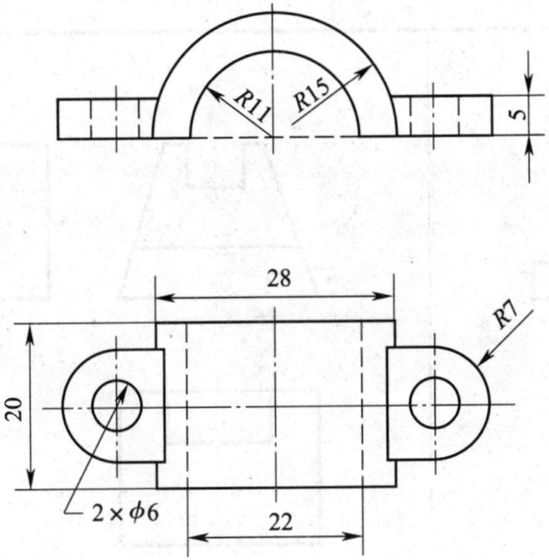


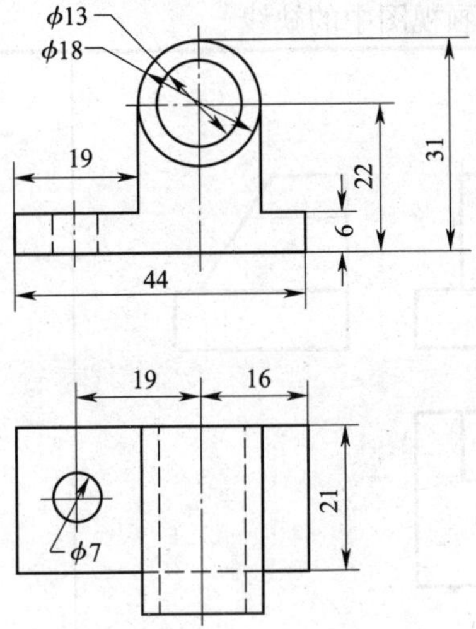


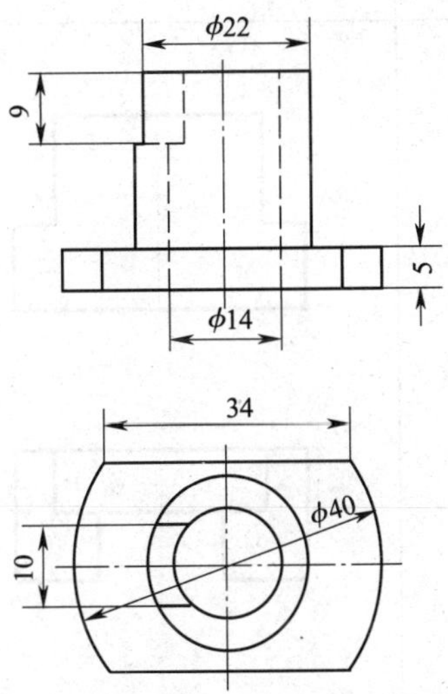


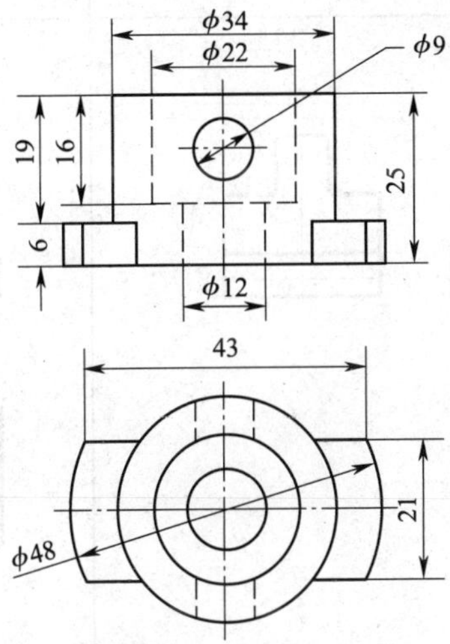

# 课题四　识读组合体的视图

2—4—1　补画视图中的缺线

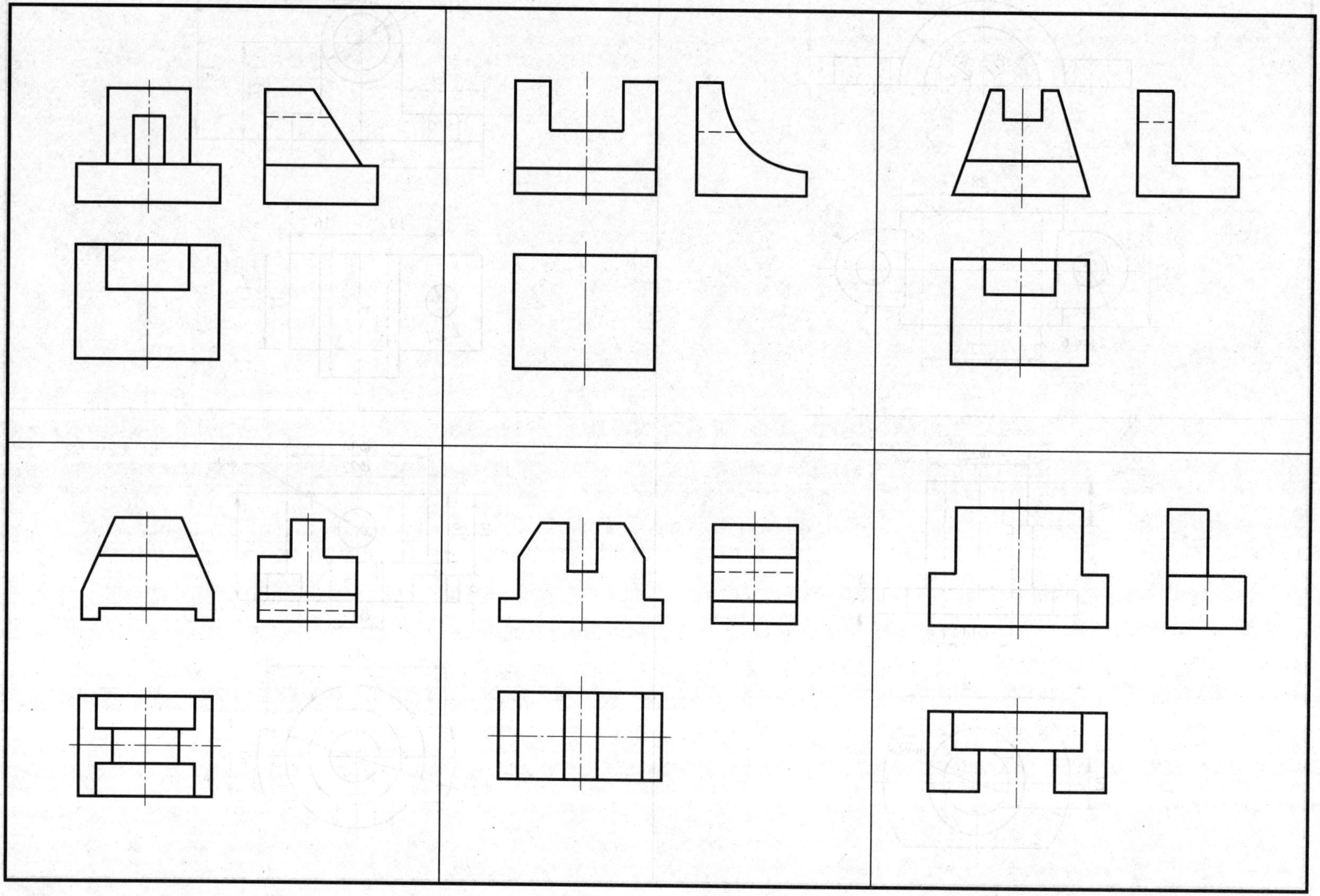

2—4—2 根据两视图，补画第三视图（一）

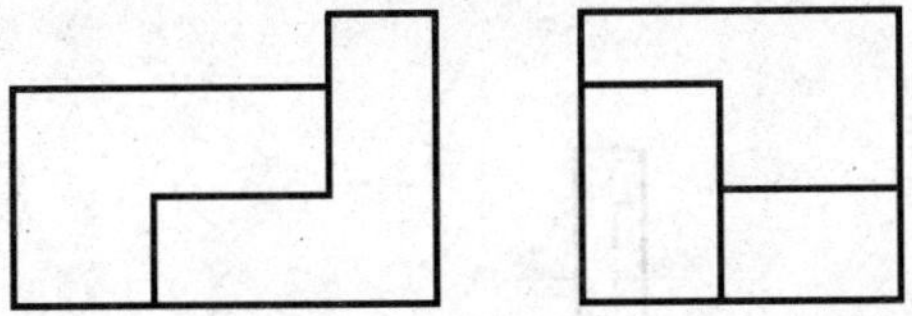

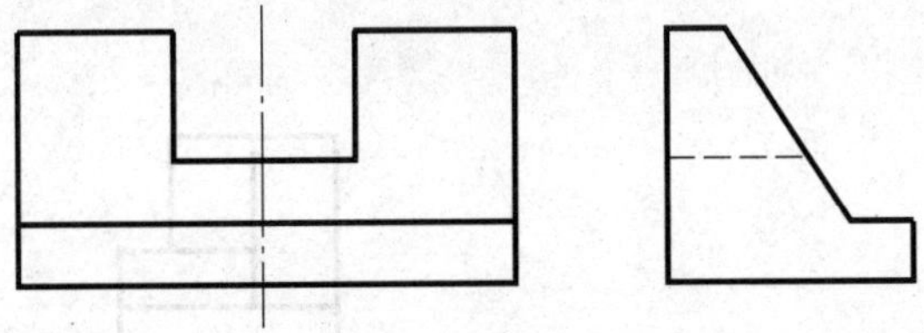

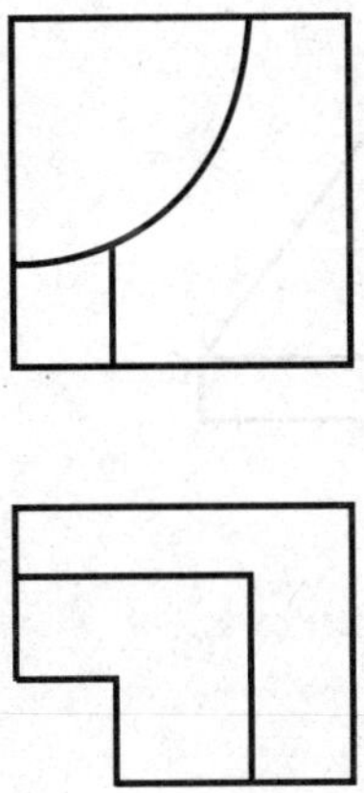

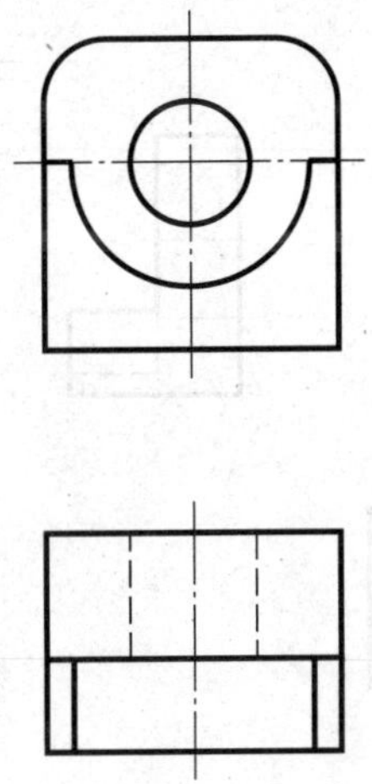

2—4—3　根据两视图，补画第三视图（二）

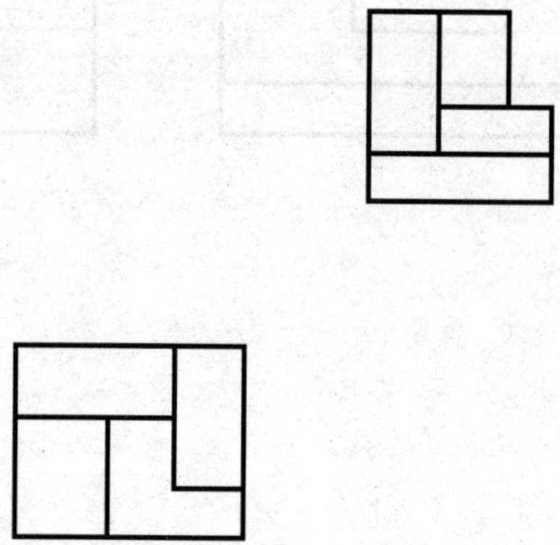

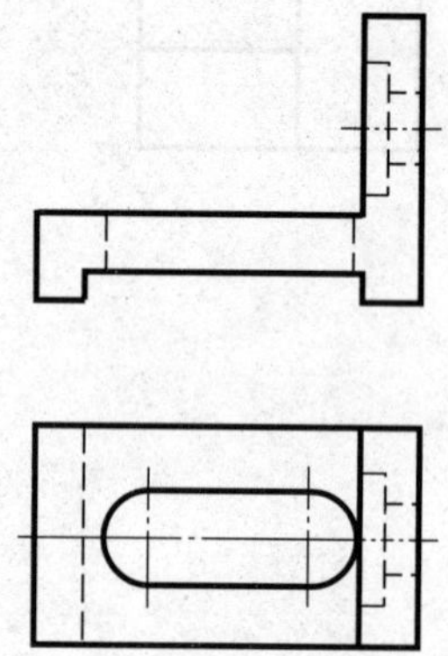

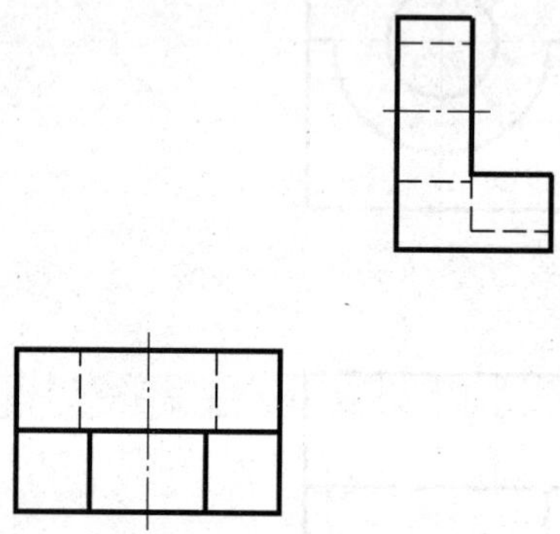

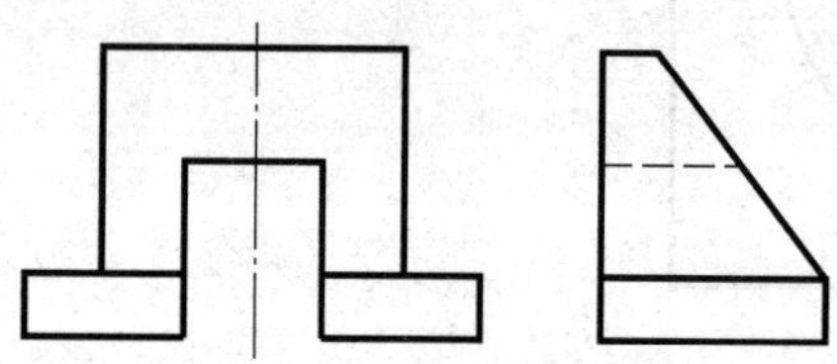

　　班级　　　姓名　　　学号

2—4—4　根据两视图，补画第三视图（三）

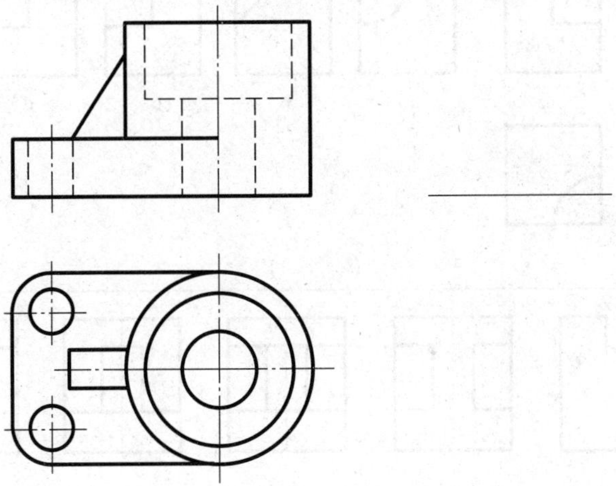

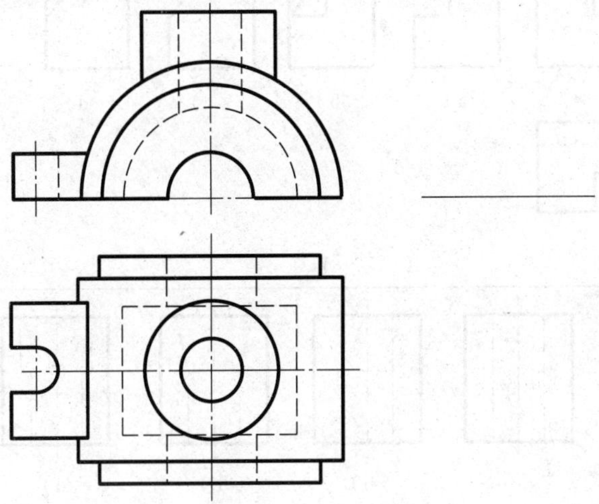

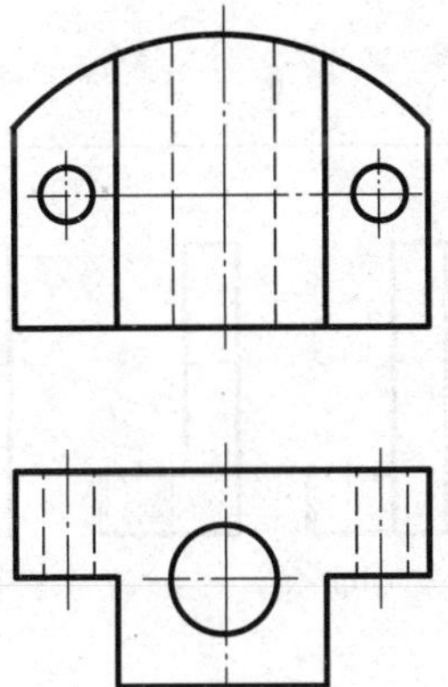

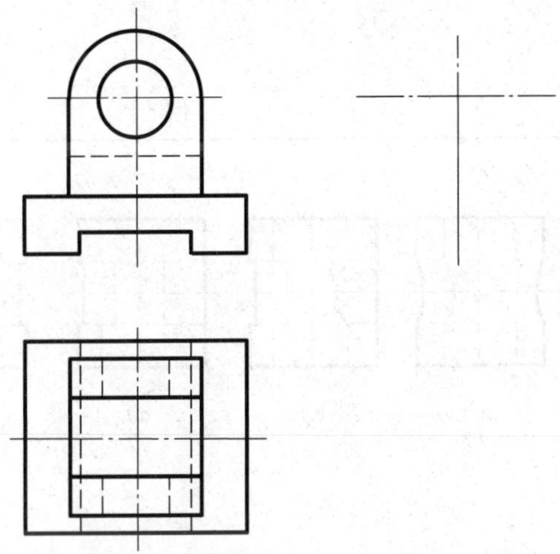

班级　　　　姓名　　　　学号

2—4—5 选择正确的视图

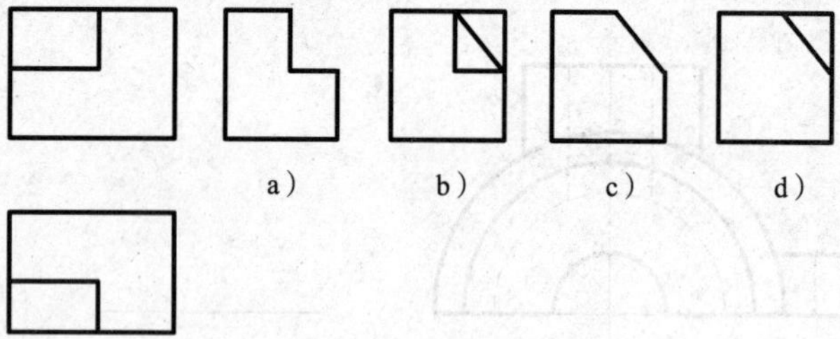


（ ）

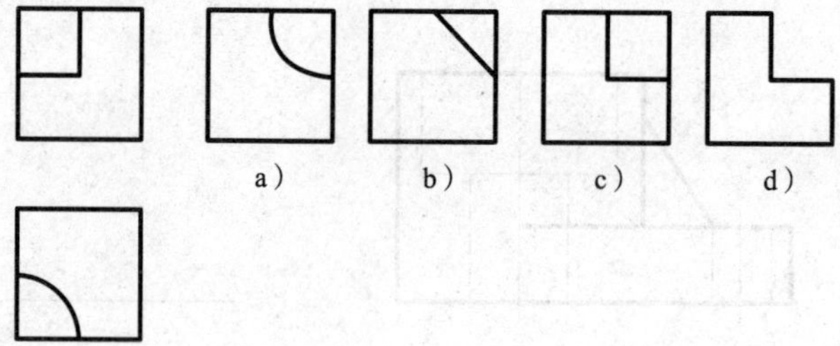


（ ）

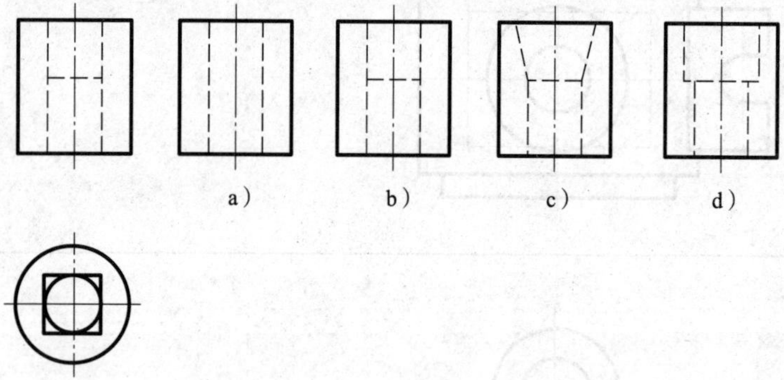


（ ）

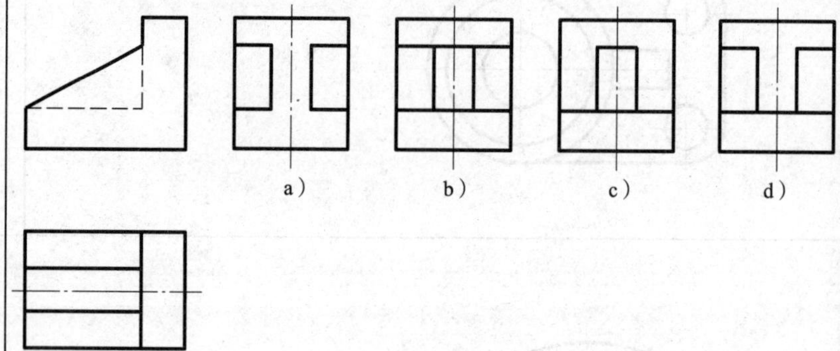


（ ）

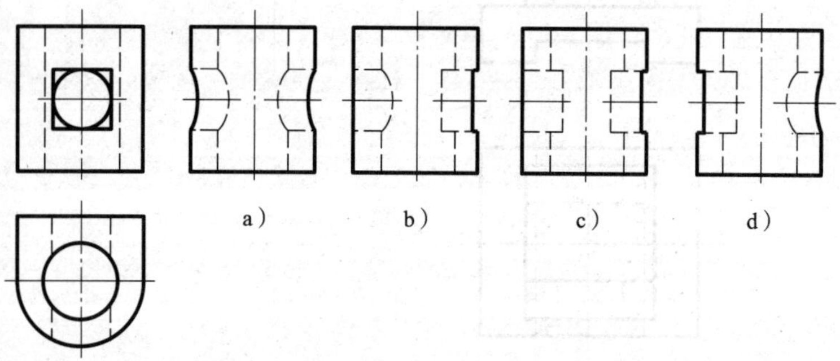


（ ）

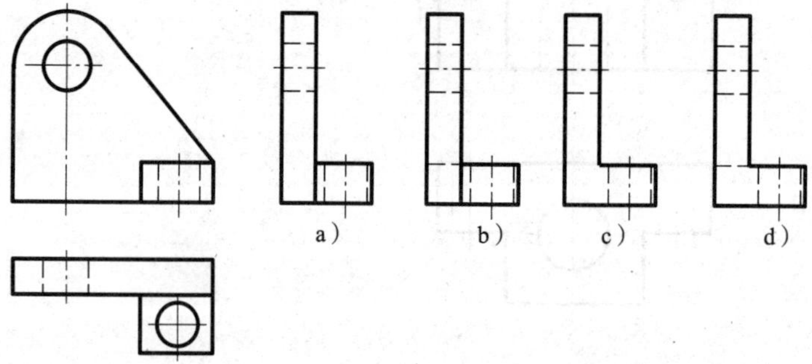


（ ）

 班级 姓名 学号

2—4—6 根据两视图，补画第三视图（四）

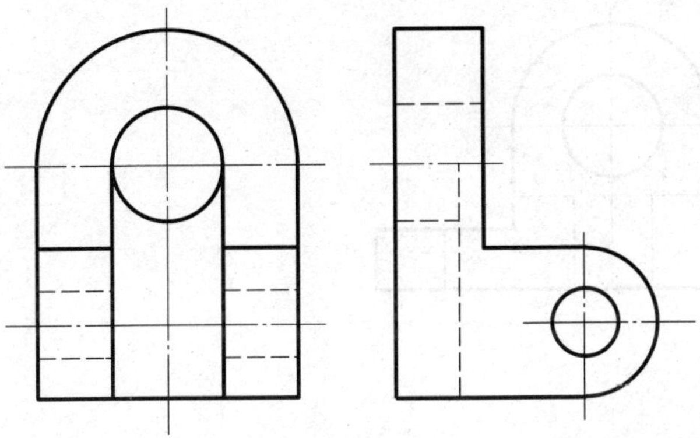

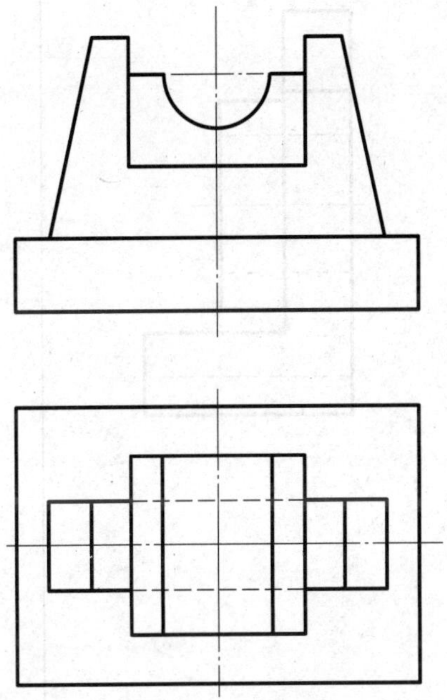

2—4—7　根据两视图，补画第三视图（五）

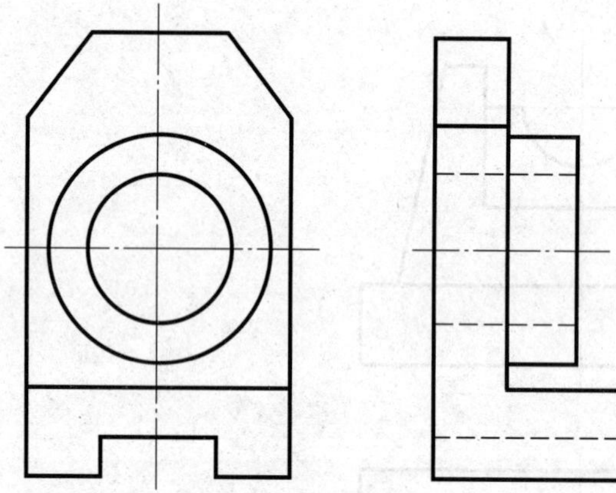

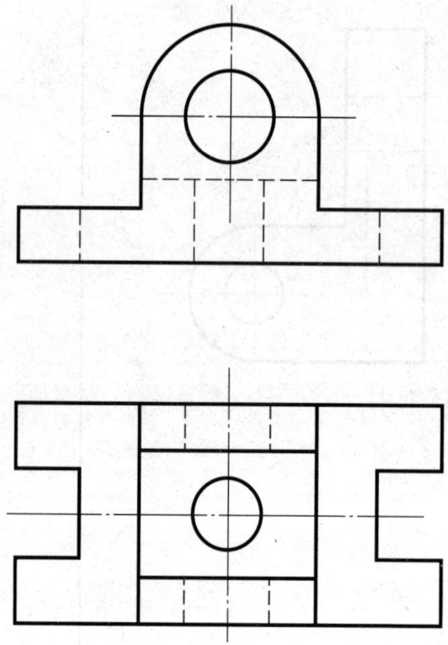



班级　　　　姓名　　　　学号

2—4—8　绘制组合体的三视图并标注尺寸（一）

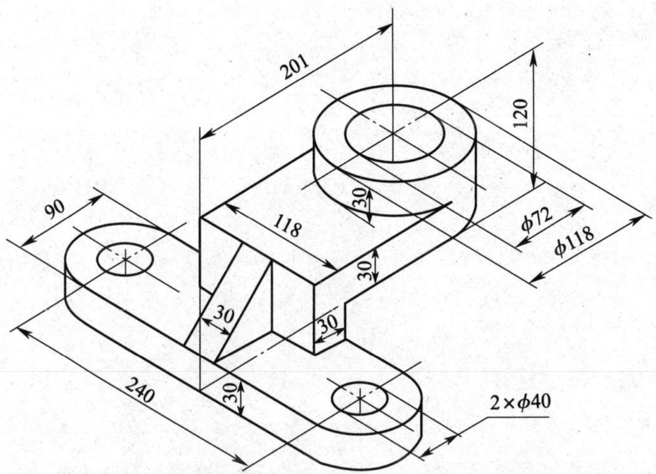

2—4—9　绘制组合体的三视图并标注尺寸（二）

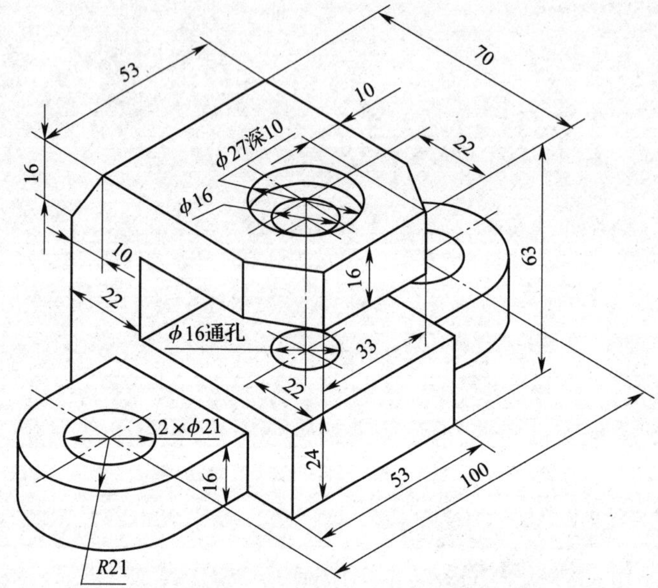

# 模块三　图样画法

## 课题一　绘制视图

3—1—1　填空题

1. 六个基本视图的名称为__________、__________、__________、__________、__________、__________。

2. 除后视图外的视图方位关系是靠近__________是后面，远离__________是前面。

3. 视图的投影关系仍遵守__________，__________，__________。

4. 向视图就是可以__________的视图，当某视图不能按__________配置时，可按向视图绘制。

5. 将物体的某一部分向基本投影面投影，所得到的视图叫作__________。局部视图由于只画出物体某个部分的视图，所以用__________表示与物体其余部分的断裂处投影。当所表达的部分结构是__________，其外轮廓线又成__________时，__________可省略不画。

6. 机件向__________的平面投射所得的视图称为斜视图。斜视图只用于表达机件__________。

3—1—2　根据机件的主、俯、左视图，补画其他三个基本视图（按国家标准规定的视图展开画法绘制）

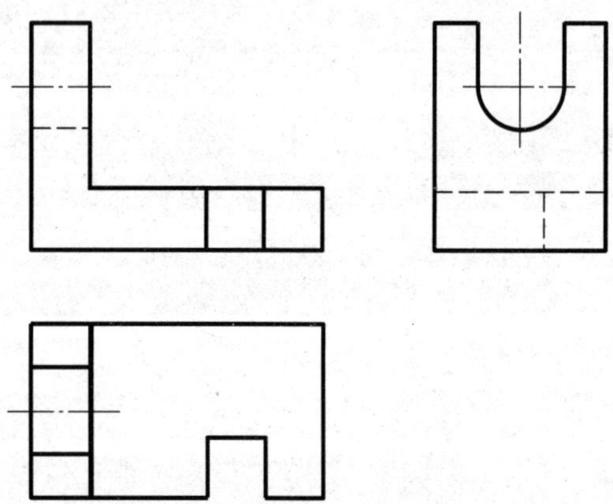

3—1—3　已知六个基本视图，按基本视图的位置配置（在右侧绘制）

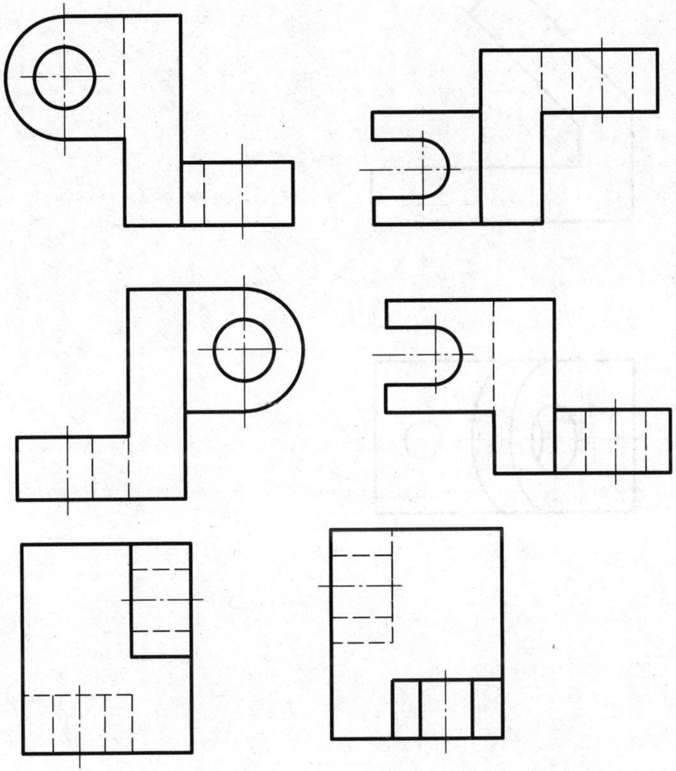

在指定位置绘制向视图。

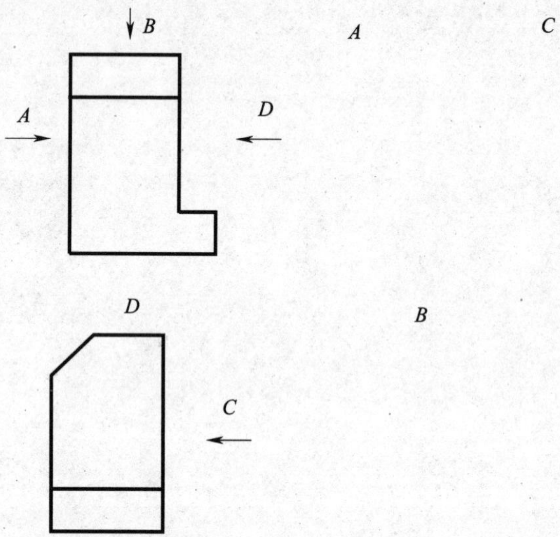


画出 *A* 向斜视图和 *B* 向局部视图。

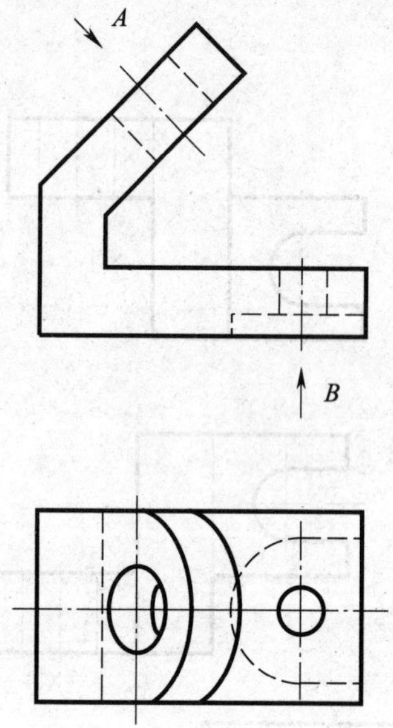




班级　　　　姓名　　　　学号

## 3—1—5 绘制向视图、局部视图和斜视图（二）

在指定位置绘制视图。

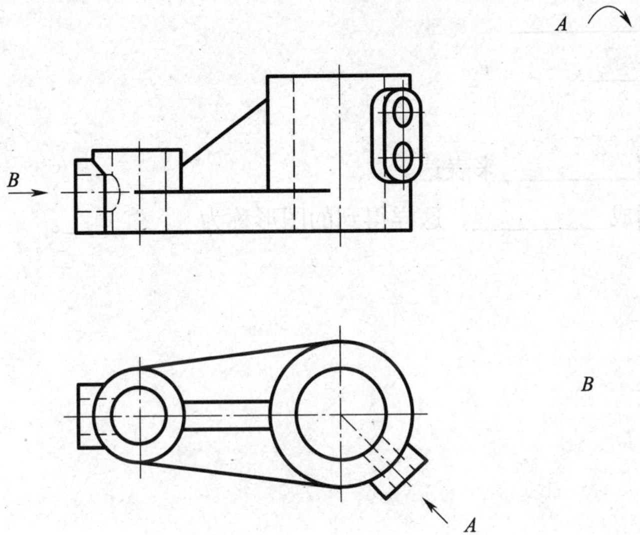


画出 *A* 向、*B* 向视图。

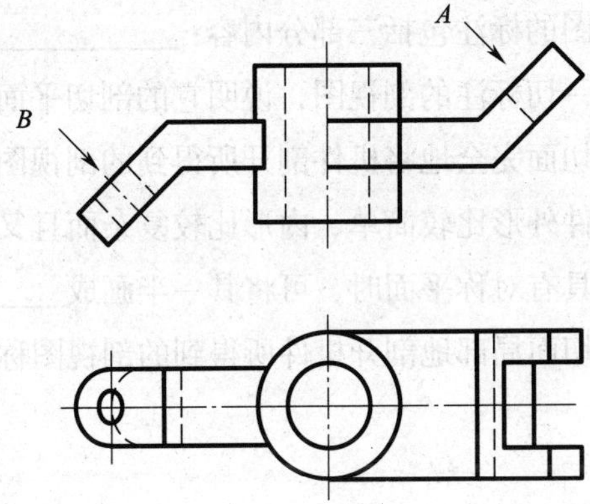


*A* *B*

# 课题二　绘制剖视图

3—2—1　填空题

1. 按剖切范围的大小不同，剖视图可分为__________、__________、__________三种。
2. 剖视图的剖切方法可分为__________、__________、__________。
3. 剖视图的标注包括三部分内容：__________、__________、__________。
4. 省略一切标注的剖视图，说明它的剖切平面通过机件的__________。
5. 用剖切面完全地将机件剖开所得到的剖视图称为__________。
6. 当机件外形比较简单、内形比较复杂而且又不对称时，常采用__________来表达。
7. 机件具有对称平面时，可将其一半画成__________，另一半画成__________，这样得到的图形称为__________。
8. 用剖切面局部地剖开机件所得到的剖视图称为__________。



班级　　姓名　　学号

3—2—2　在剖视图中，补画漏画的图线（一）

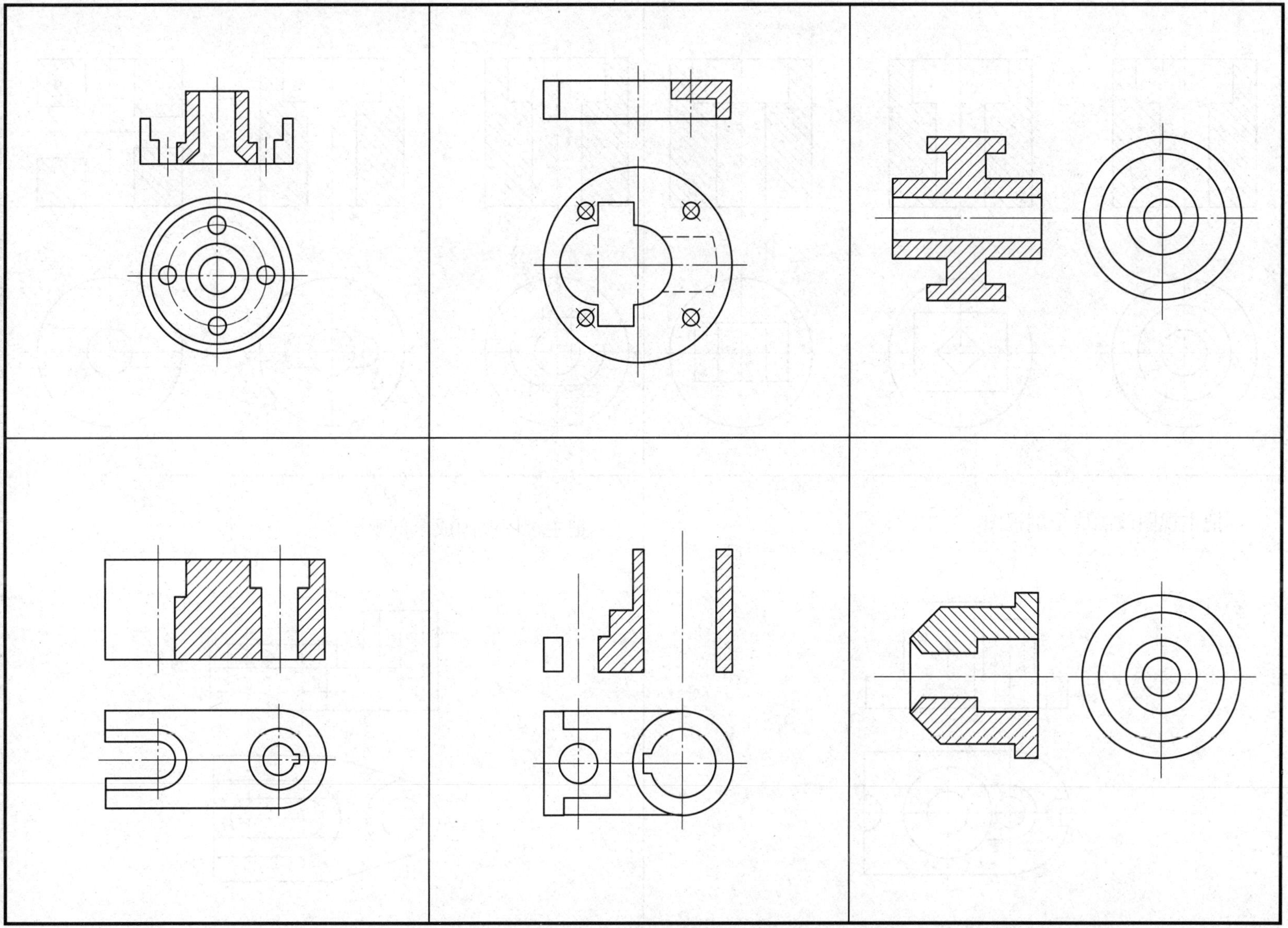

## 3—2—3 在剖视图中，补画漏画的图线（二）（多余图线打叉）

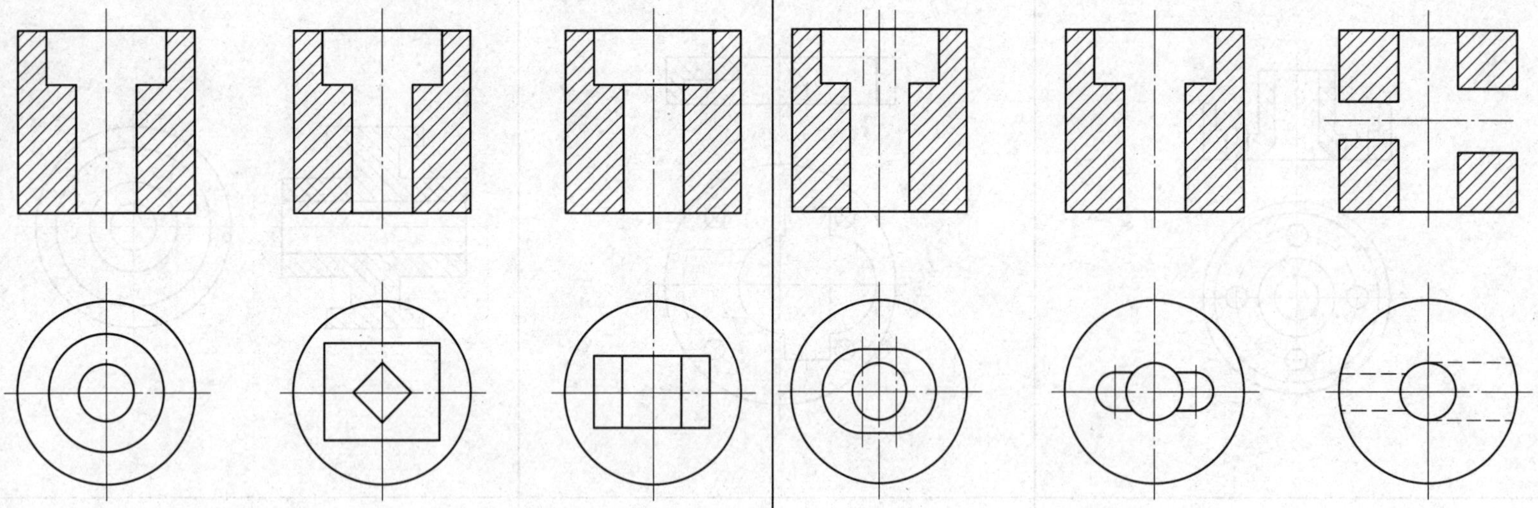

把主视图改画成全剖视图。

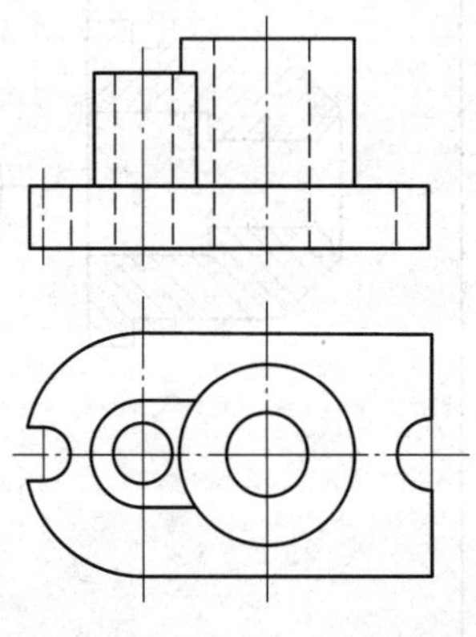

把主视图改画成全剖视图。

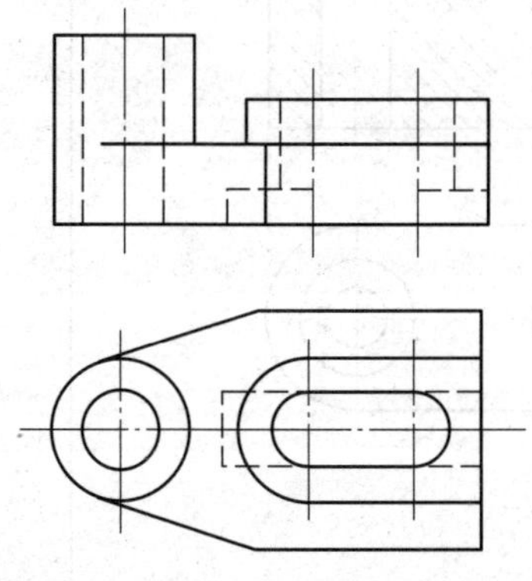



班级 姓名 学号

3—2—4　将主视图改画成全剖视图（一）

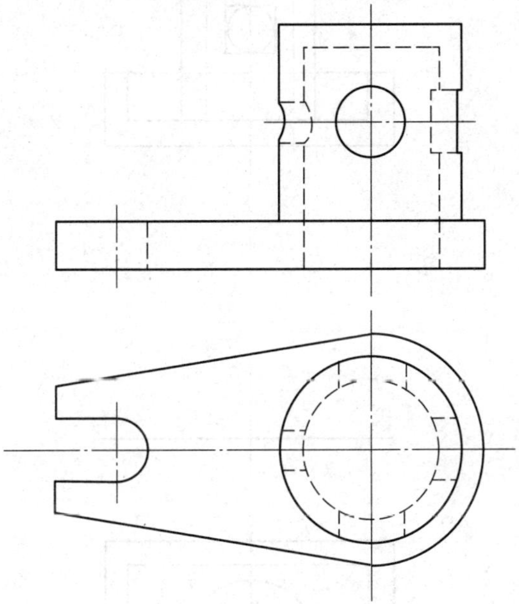

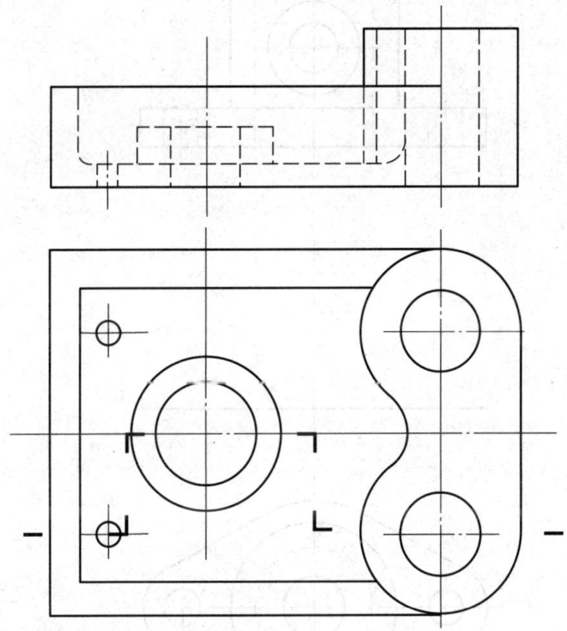

3—2—5　在指定位置将零件的主视图改画成半剖视图（一）

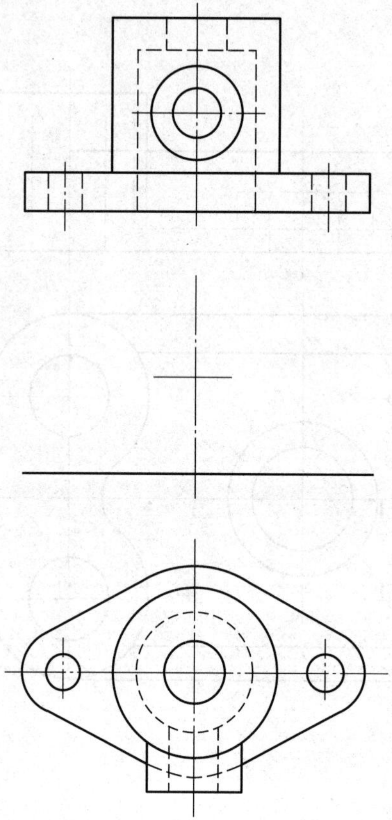

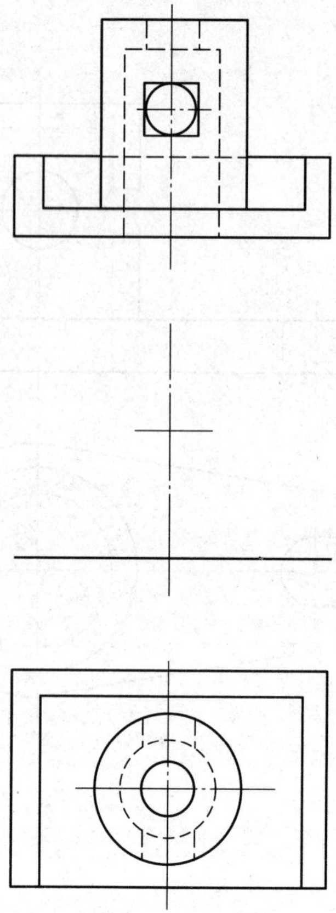



班级　　　　姓名　　　　学号

3—2—6　在指定位置将零件的主视图改画成半剖视图（二）

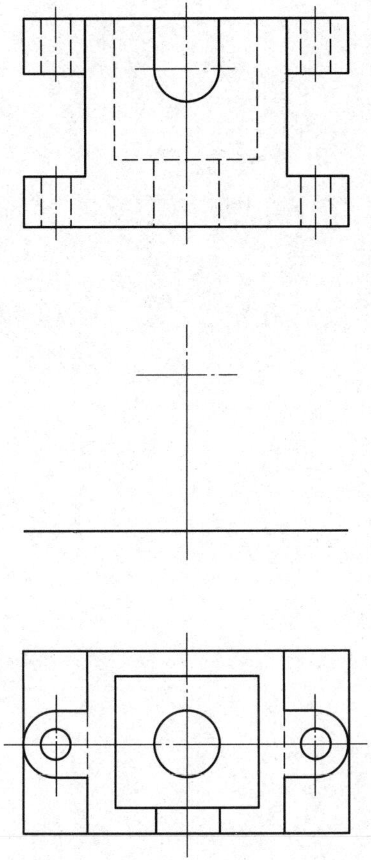

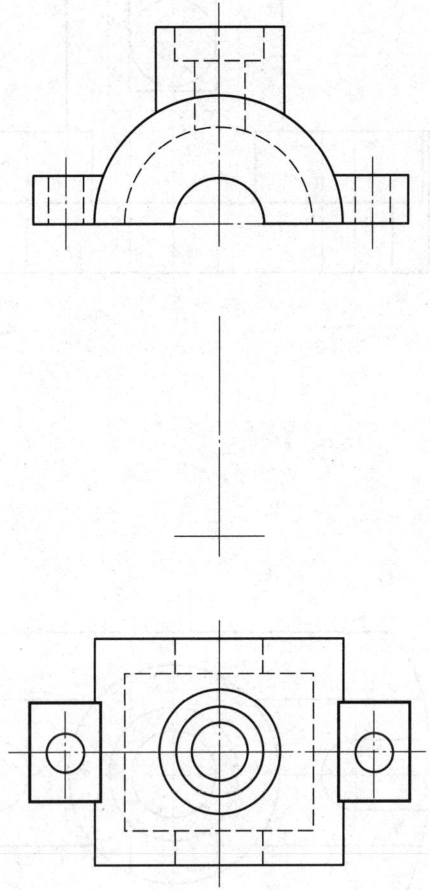

3—2—7　将主视图改画成半剖视图，左视图改画成全剖视图

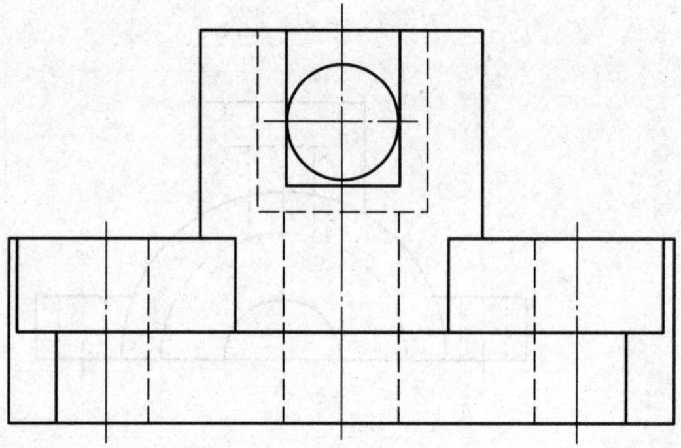

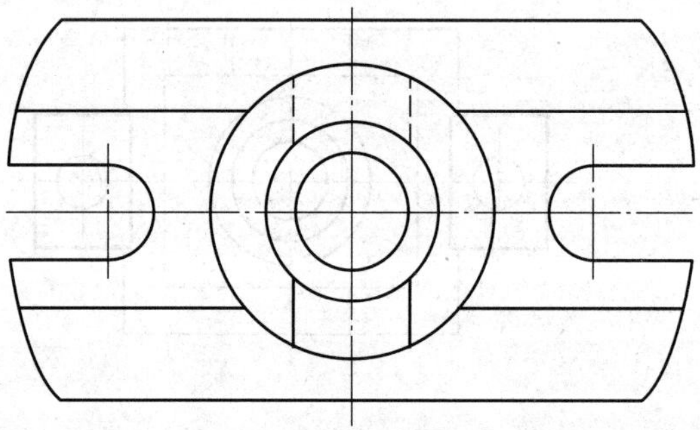

　　班级　　　姓名　　　学号

## 3—2—8　在适当位置作局部剖视图

找出错误，画出正确视图。

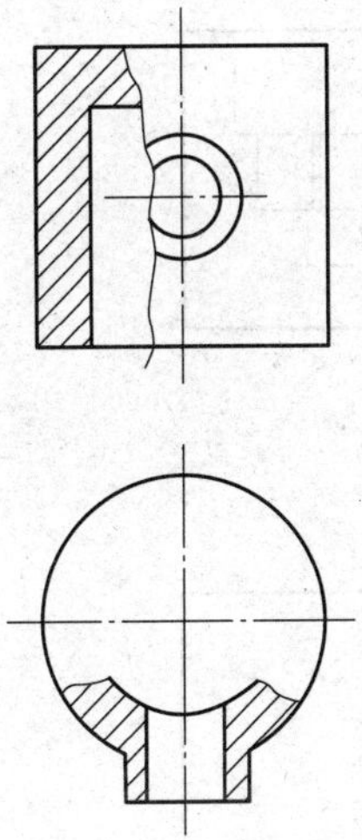

在指定位置将主、俯视图改画成局部剖视图。

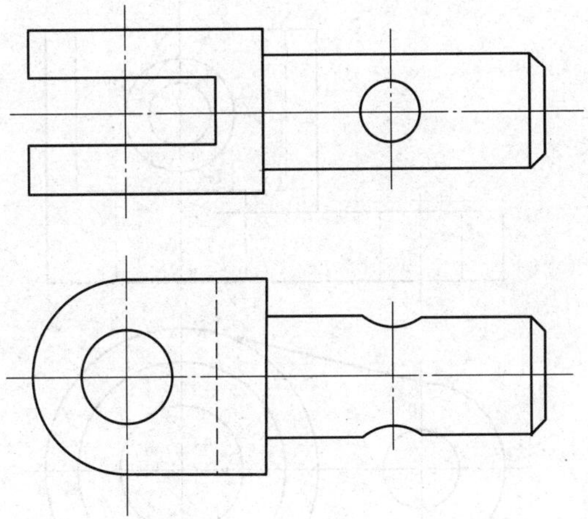

将主视图改画成局部剖视图。

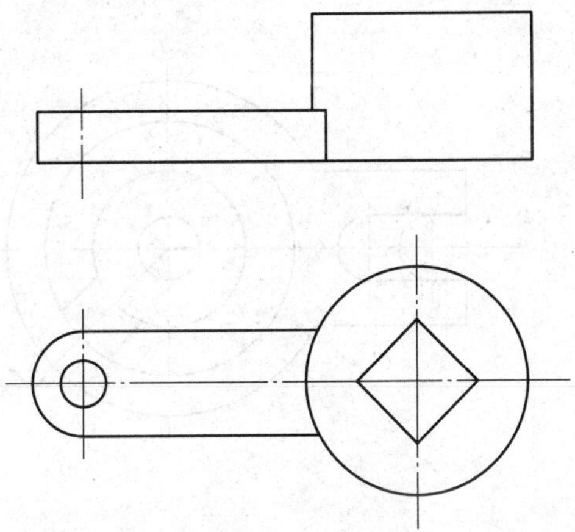

将主、俯视图改画成局部剖视图。

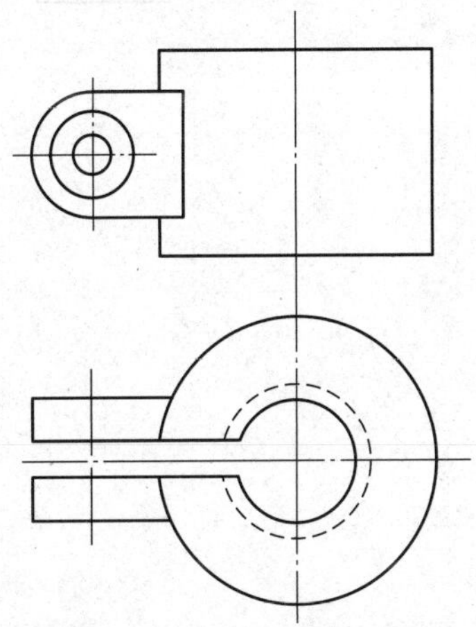

将主、俯视图改画成局部剖视图。

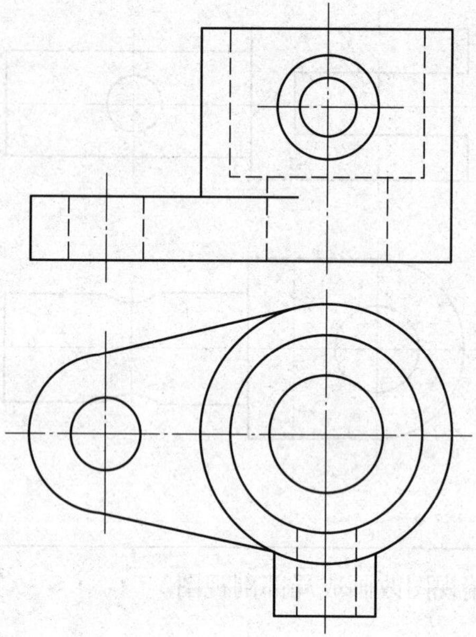

在指定位置将主视图改画成 *A*—*A* 剖视图。

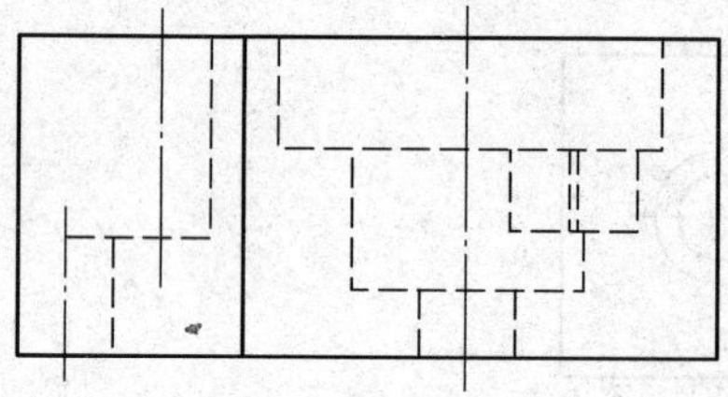

*A*—*A*

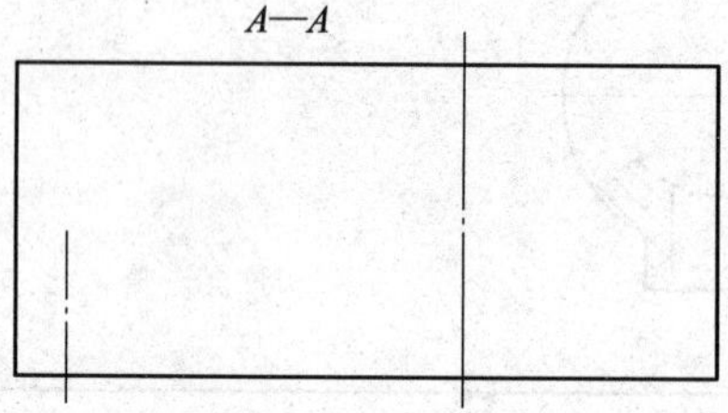

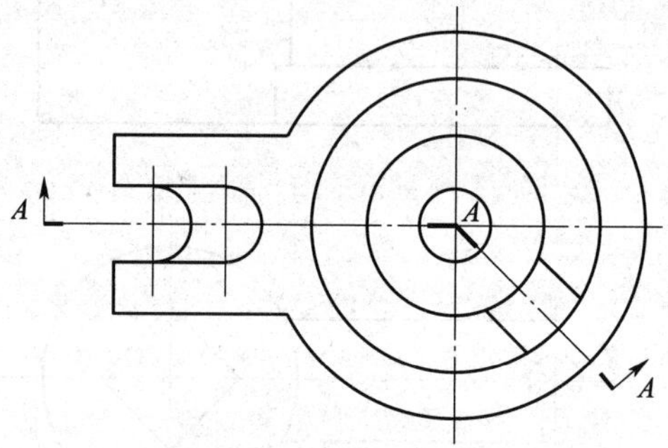


　　班级　　　　姓名　　　　学号

## 3—2—10 剖视图综合练习

将主视图改画成全剖视图，并画出半剖左视图。

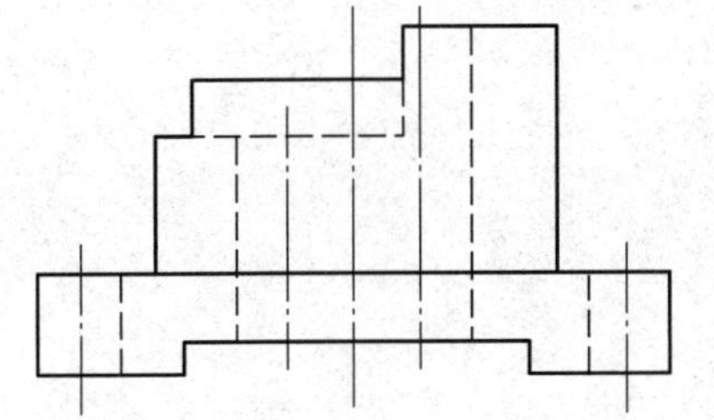

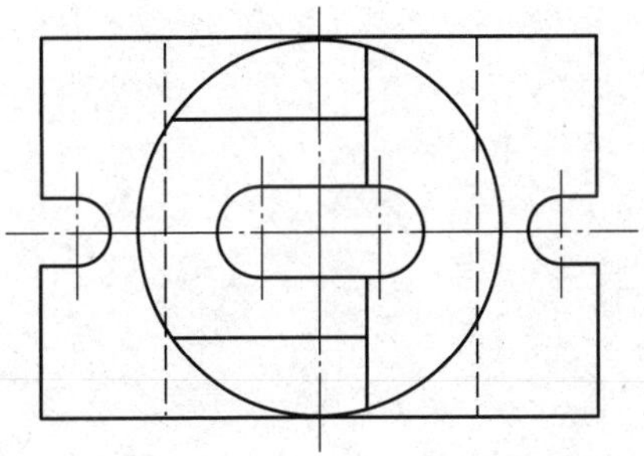

绘制全剖视图并标注。

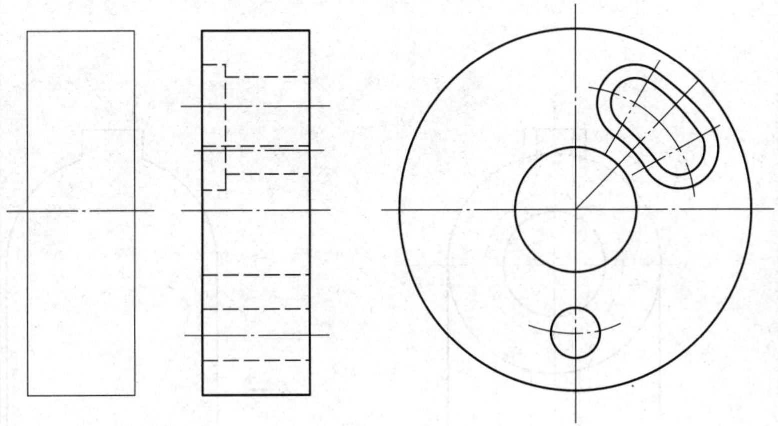

将主、俯视图改画成局部剖视图。

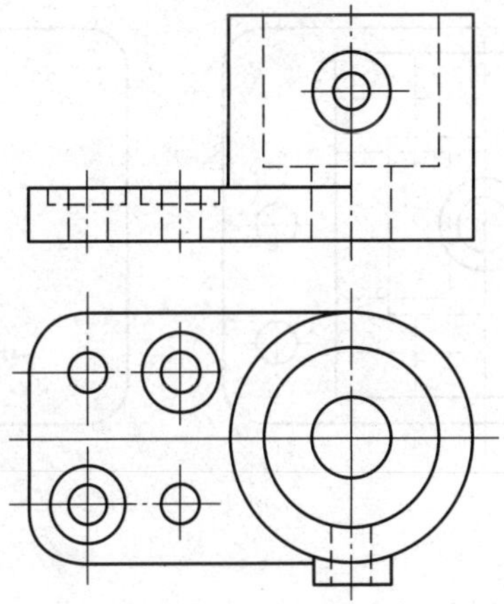

3—2—11　在指定位置将主、俯视图改画成半剖视图，并画出全剖左视图

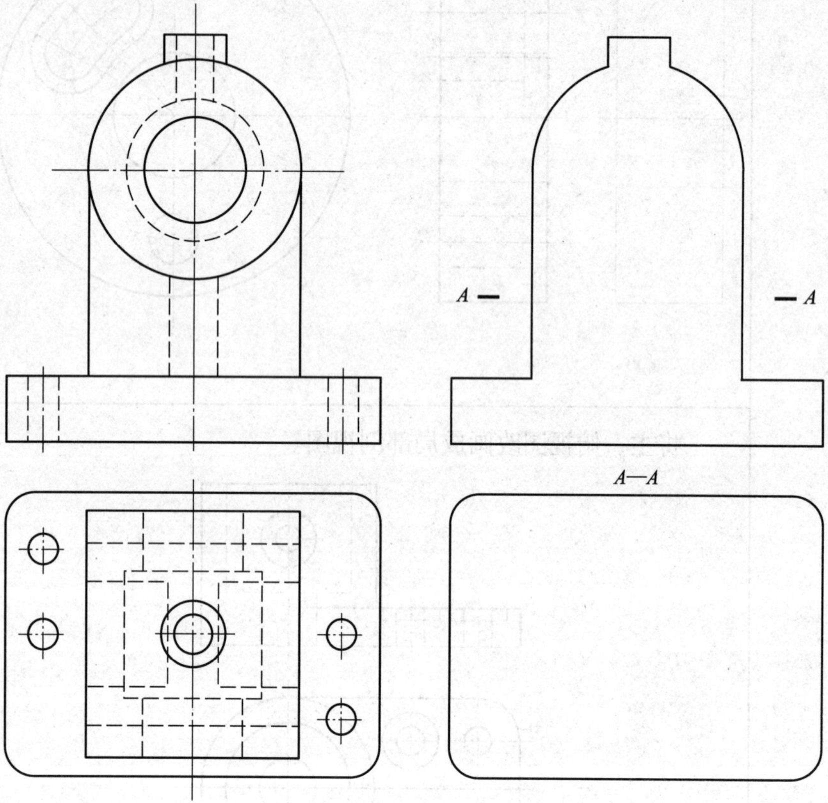


　　班级　　　　姓名　　　　学号

# 课题三　绘制断面图

3—3—1　在指定位置画出断面图（尺寸从图中量取，取整数；键槽深 4 mm）

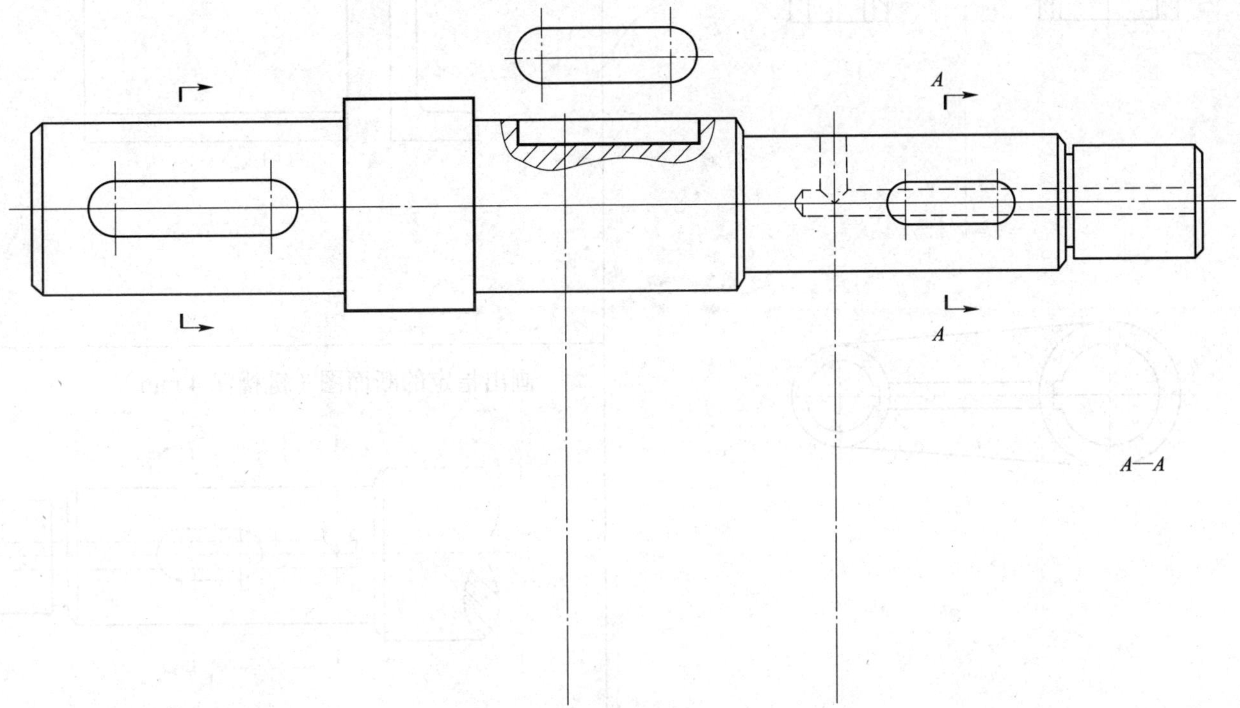

在指定位置绘制断面图。

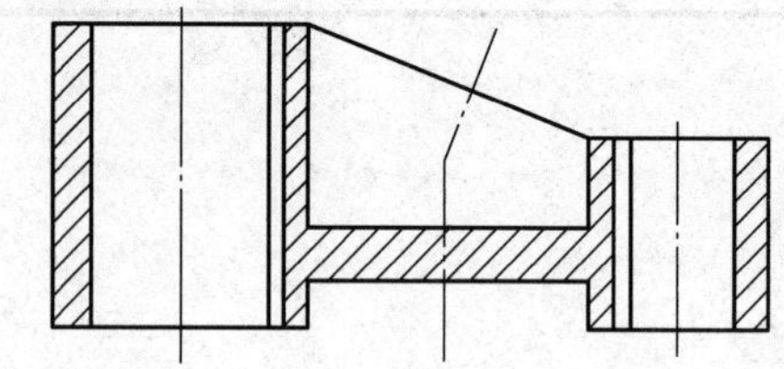

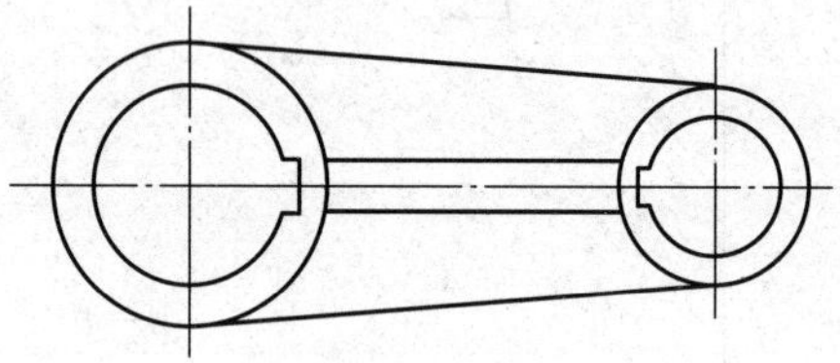

在指定位置绘制重合断面图。

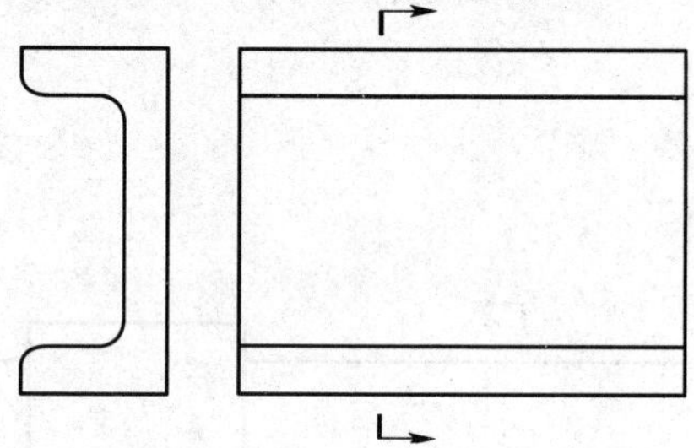

画出指定的断面图（键槽深 4 mm）。

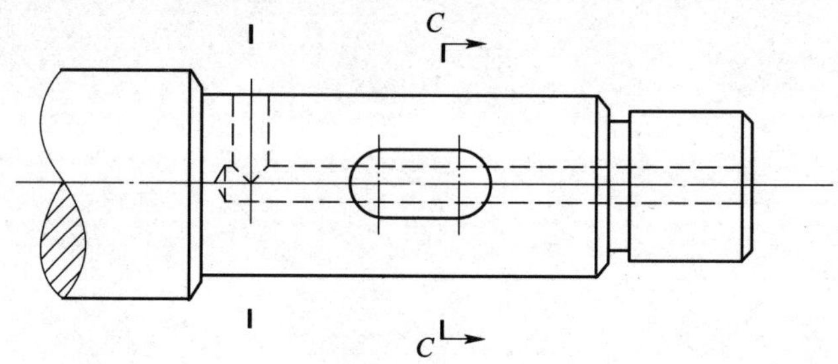

3—3—3　选择正确的断面图

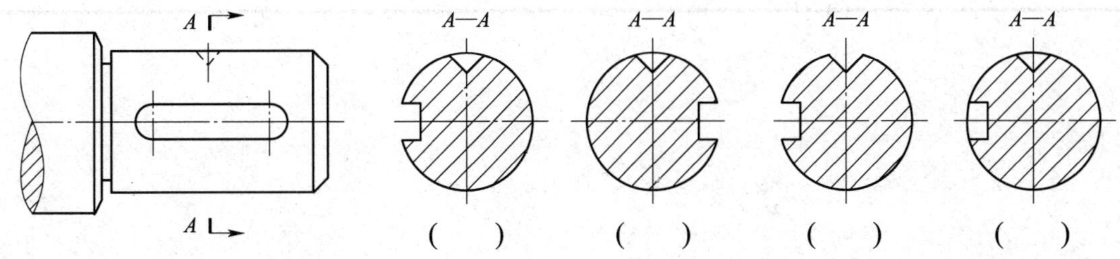


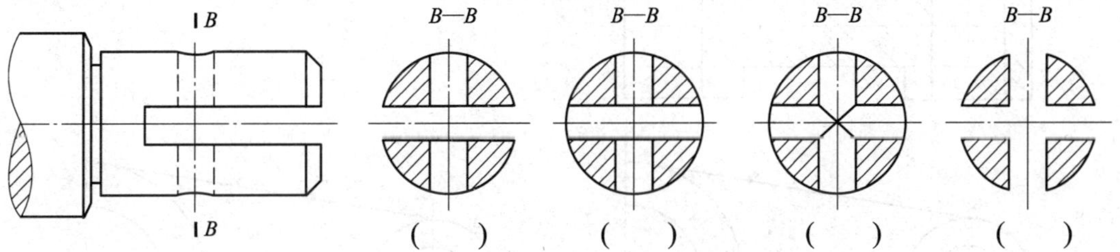


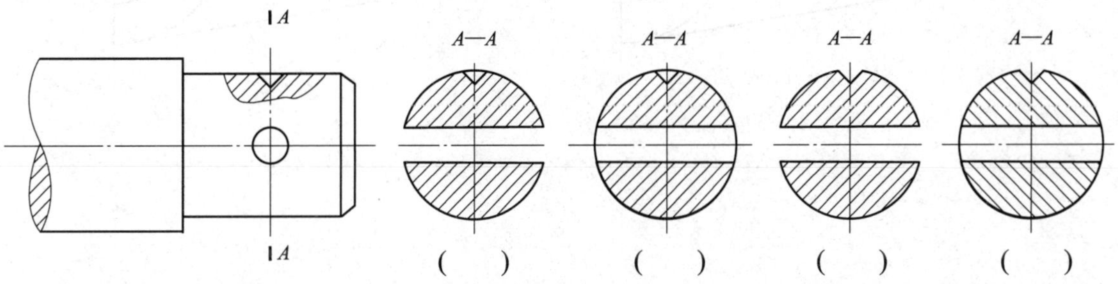

# 课题四　用其他表达方法表达形体结构

3—4—1　在指定位置（右侧）绘制正确的全剖视图

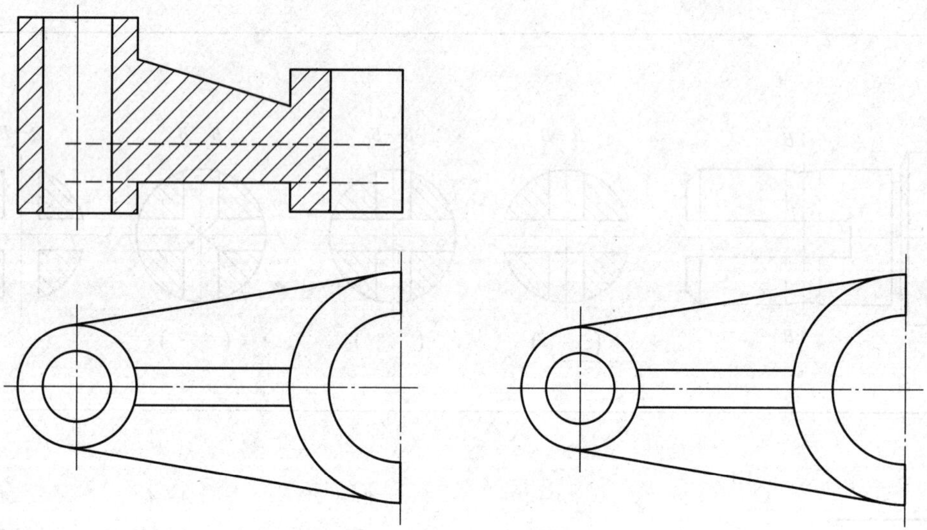



班级　　　　姓名　　　　学号

3—4—2 画出全剖主视图

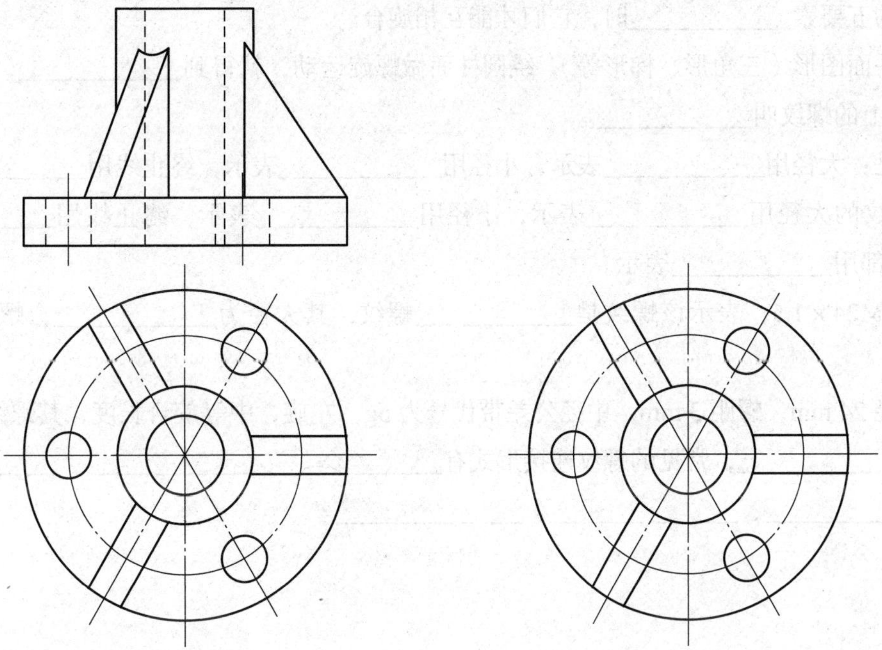

# 模块四　标准件及常用件

## 课题一　螺纹紧固件

4—1—1　填空题

1. 螺纹的结构要素包括__________、__________、__________、__________、__________。

2. 只有当内、外螺纹的五要素__________时，它们才能互相旋合。

3. 一个与轴线共面的平面图形（三角形、梯形等），绕圆柱面做螺旋运动，就得到__________，零件外表面上的螺纹叫__________，零件孔腔内表面上的螺纹叫__________。

4. 外螺纹的规定画法是：大径用__________表示，小径用__________表示，终止线用__________表示。

5. 在剖视图中，内螺纹的大径用__________表示，小径用__________表示，终止线用__________表示；不可见螺纹孔，其大径、小径和终止线都用__________表示。

6. 某一螺纹的标注为 M24 × 1.5，表示该螺纹是__________螺纹，其大径为__________，螺距为__________，旋向为__________。

7. 粗牙普通螺纹，大径 24 mm，螺距 3 mm，中径公差带代号为 6g，左旋，中等旋合长度，其螺纹代号为__________。

8. 螺纹连接用于______________，常见的螺纹连接形式有__________、__________、__________。

9. 螺纹的直径分为__________、____________、____________。

4—1—2　根据螺纹连接件的规定画法，分析图中的错误，并画出正确的表达图

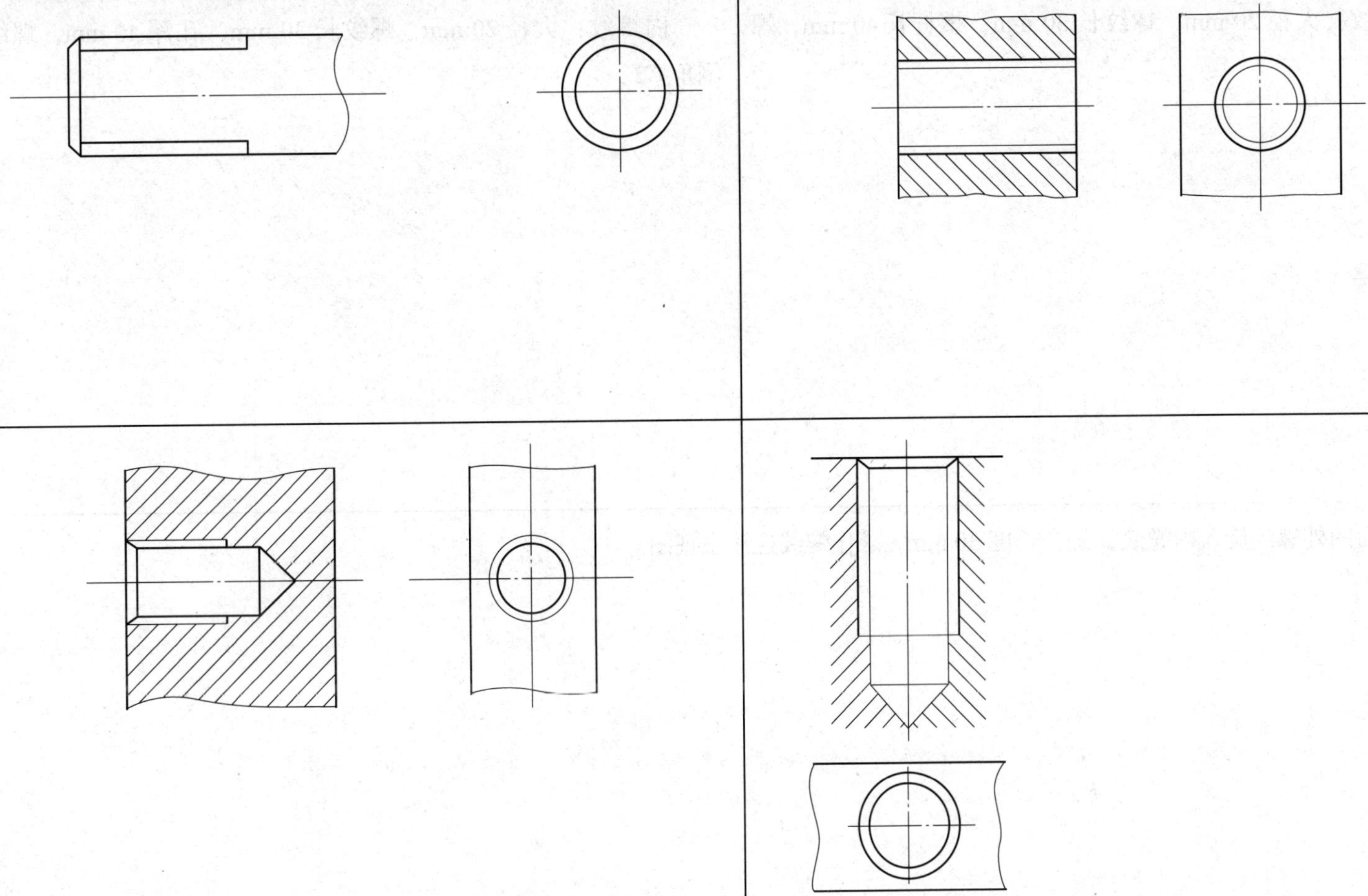

4—1—3　按规定画法绘制螺纹主、左视图

| 外螺纹：大径 20 mm，螺纹长 30 mm，螺杆长 40 mm，螺纹倒角 $C2$。 | 内螺纹：大径 20 mm，螺纹长 30 mm，孔深 40 mm，螺纹倒角 $C2$。 |
| --- | --- |

将上面的外螺纹旋入内螺纹，旋合长度 30 mm，求作螺纹连接主视图。



班级　　　　姓名　　　　学号

4—1—4　标注螺纹代号

按螺纹的标记填表：

| 螺纹标记 | 螺纹种类 | 大径 | 螺距 | 导程 | 线数 | 旋向 | 公差代号 | 旋合长度 |
|---|---|---|---|---|---|---|---|---|
| M20–6h | | | | | | | | |
| M16 × 1–5g6g | | | | | | | | |
| M24–7H–L–LH | | | | | | | | |

粗牙普通螺纹，大径 24 mm，螺距 3 mm，右旋，单线，中径公差带代号 5g，顶径公差带代号 5g，中等旋合长度。

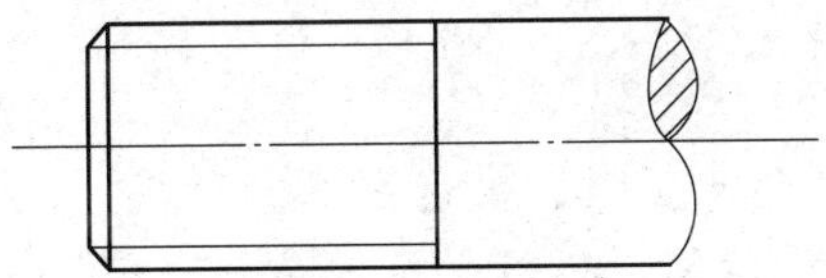

细牙普通螺纹，大径 24 mm，螺距 1.5 mm，左旋，单线，中径、顶径公差带代号 6H，中等旋合长度。

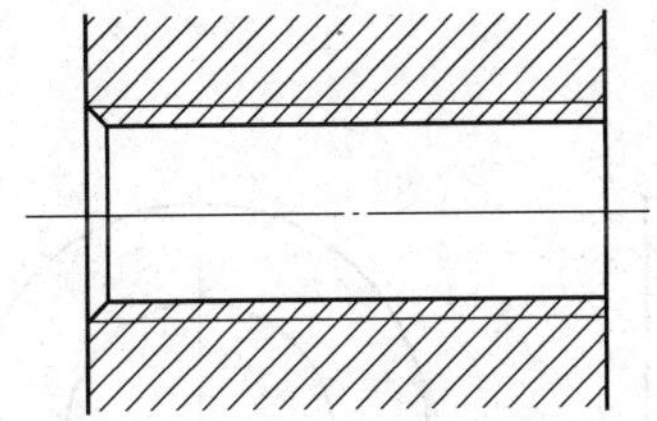

4—1—5　根据给定螺纹连接件的已知条件，查表获得相关尺寸，并标记

A 级六角头螺栓，$d$=20 mm，$l$=80 mm（GB/T 5782—2000）。

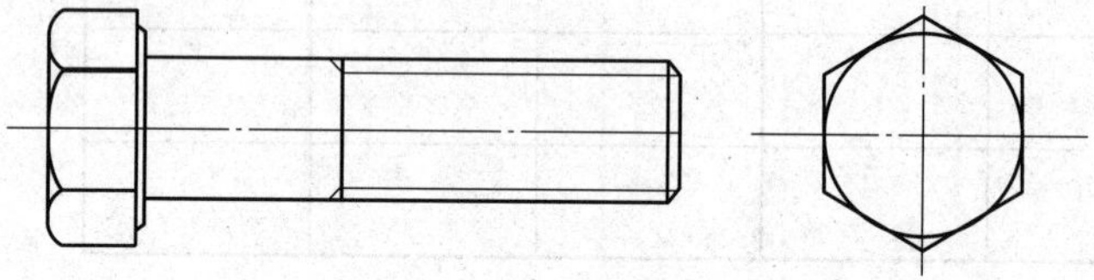

标记：

A 级 I 型六角螺母，螺纹规格 $D$=24 mm（GB/T 6170—2000）。

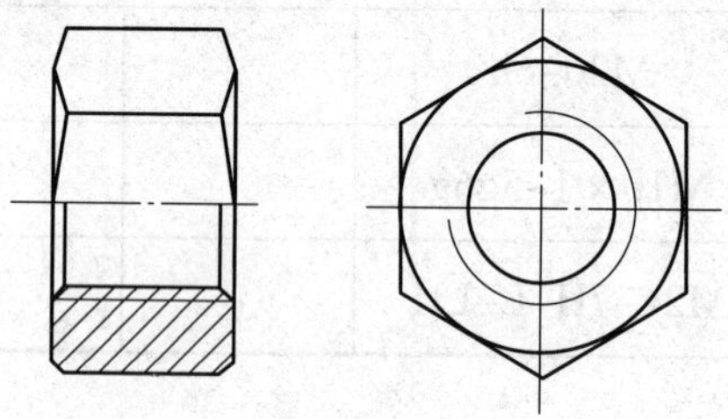

标记：

A 级平垫圈，$d$=16 mm（GB/T 97.1—2000）。

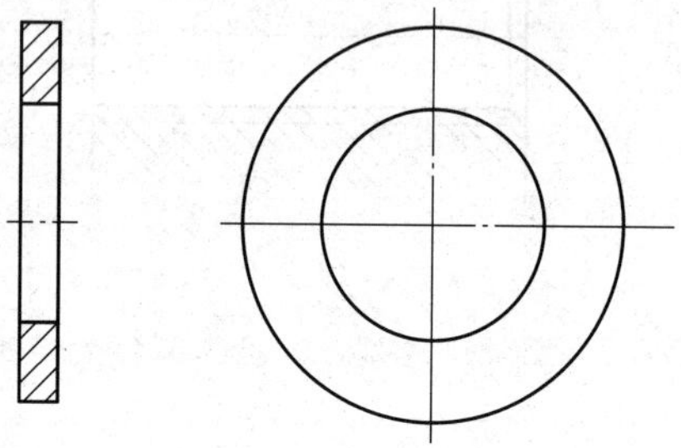

标记：

A 级开槽盘头螺钉，$d$=10 mm，$l$=45 mm（GB/T 68—2000）。

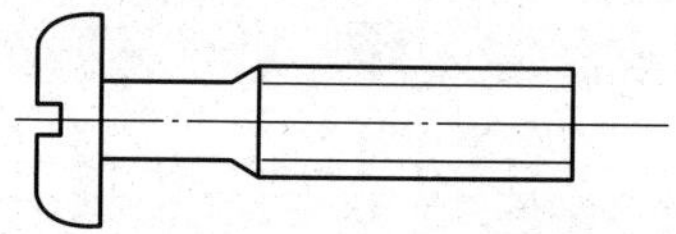

标记：



班级　　　姓名　　　学号

4—1—6 改正螺栓连接图

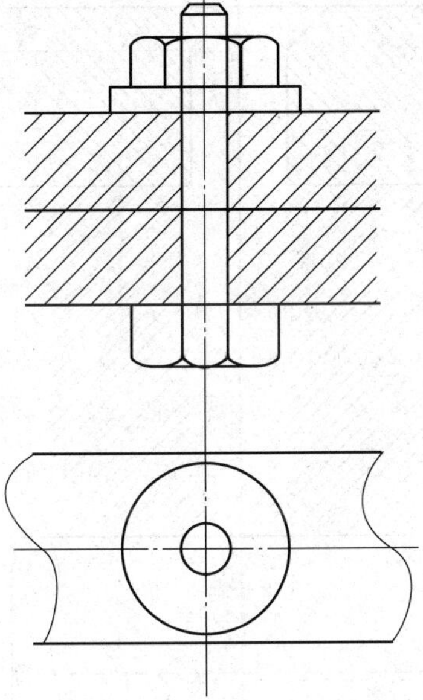

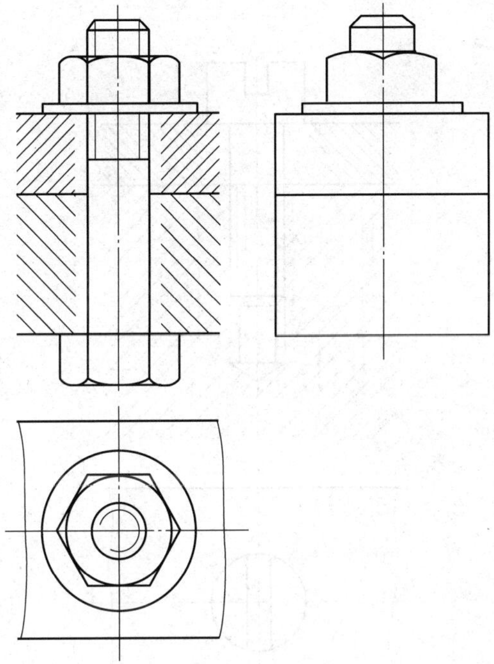

改正螺钉连接图的错误。

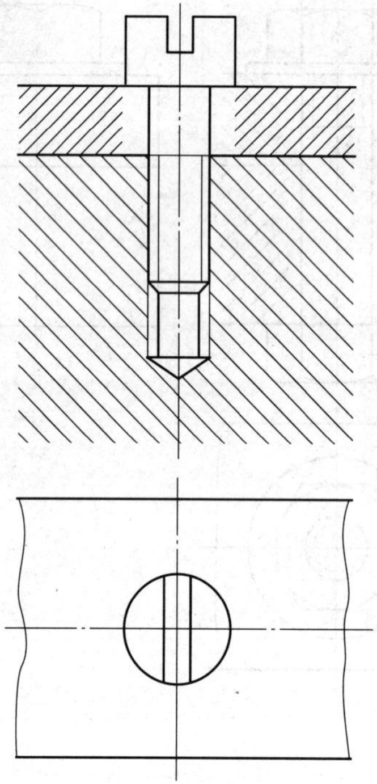

螺钉 GB/T 68—2000 M8×30，用比例画法作出主、俯视图（选定比例）。

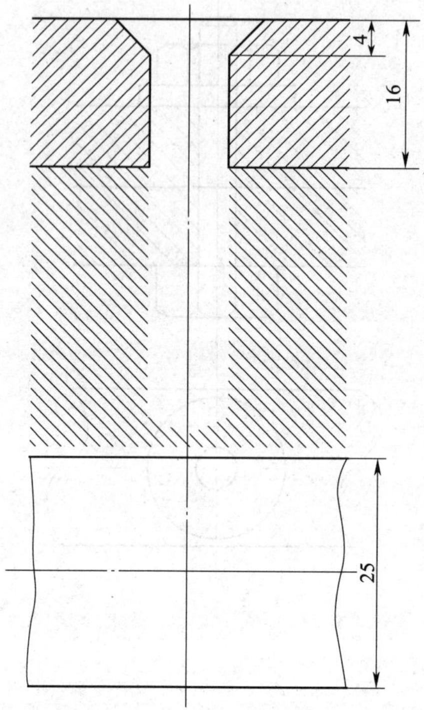


　　班级　　姓名　　学号

用比例画法作螺栓连接的主、俯视图，螺钉连接的主、俯视图。被连接零件材料为铸铁。

（1）已知螺栓 M20、螺母 M20、垫圈 20。

（2）已知开槽沉头螺钉 M18。

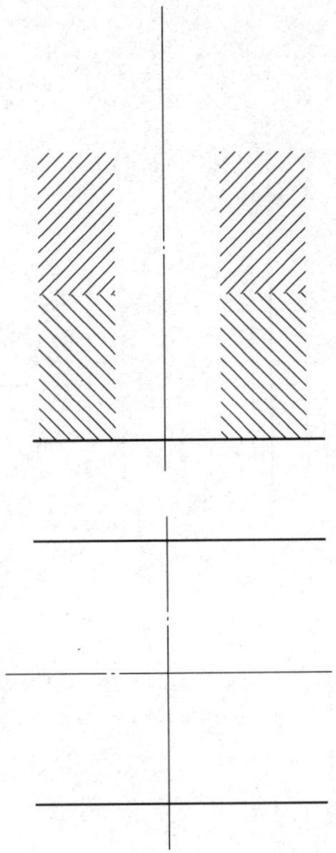

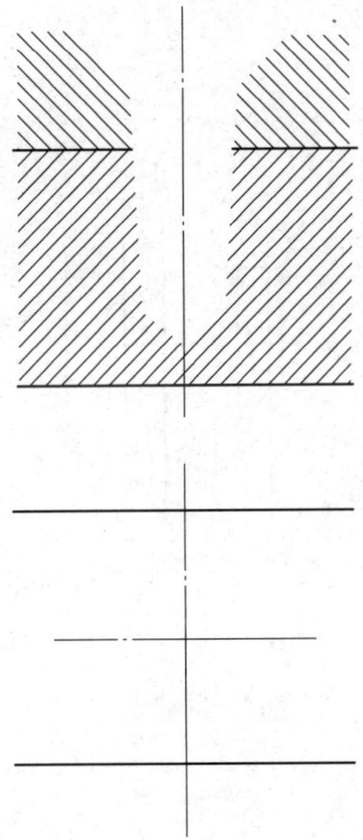

## 4—1—9　比例画法（二）

用比例画法绘制螺栓连接图，螺栓 GB/T 5782 M12 × 1，螺母 GB/T 6170 M12，垫圈 GB/T 97.1 12，被连接件厚度 $t_1$=20 mm，$t_2$=16 mm，画出螺栓装配三视图，要求：主视图全剖，左视图不剖。



班级　　　　姓名　　　　学号

## 课题二　键、销连接

4—2—1　根据给定条件绘制键连接图

已知轮孔径为 25 mm，长 35 mm，铸铁件，试查手册画平键槽，并标注尺寸。

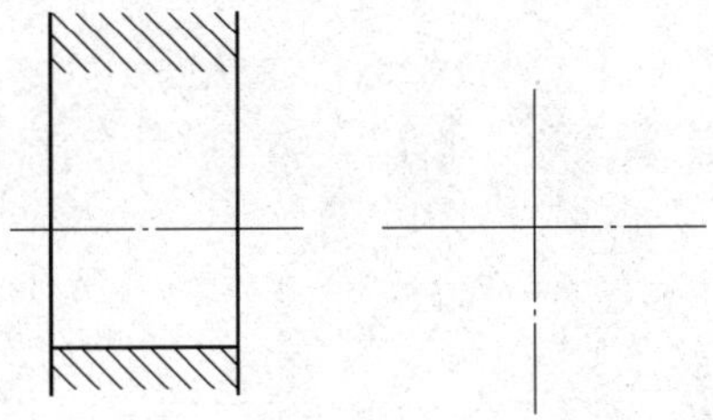

已知轴径为 25 mm，试根据左题中轮的厚度，查手册画轴键槽图，并标注尺寸。

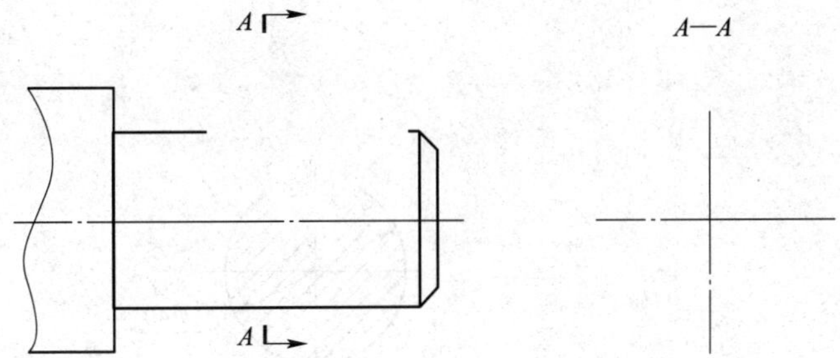


根据上面两题，画普通平键连接图，并作 *A*—*A* 剖视图。

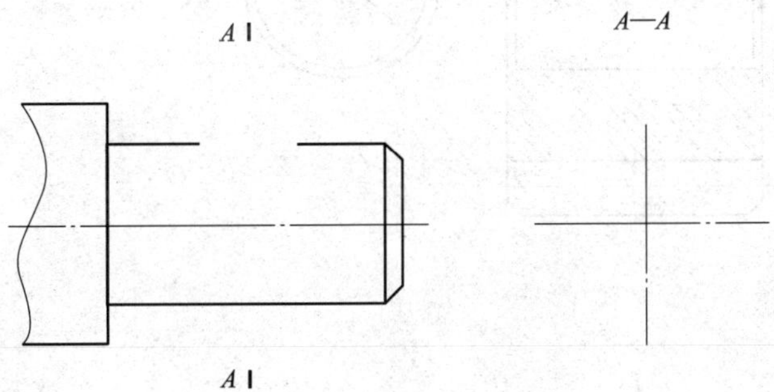


用销 GB/T 117—2000 8 × 50 画销连接图。

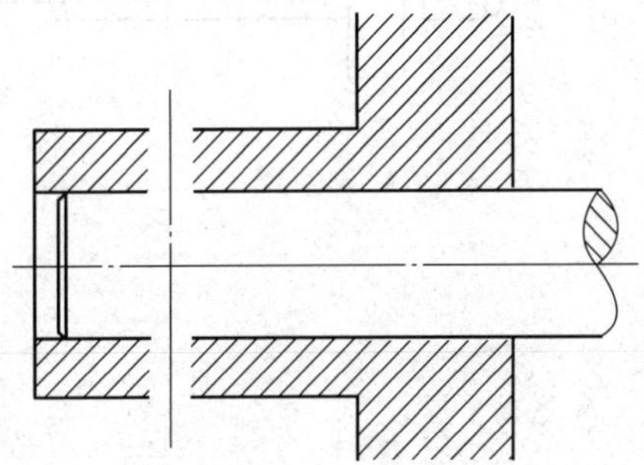

4—2—2　完成键连接图（一）

已知齿轮和轴，用 A 型普通平键连接，轴孔直径为 40 mm，键的长度为 40 mm。

1. 写出键的规定标记：__________。

2. 查表确定键和键槽的尺寸，用 1∶2 的比例画全下列各视图和断面图，并标注出图中键槽的尺寸。

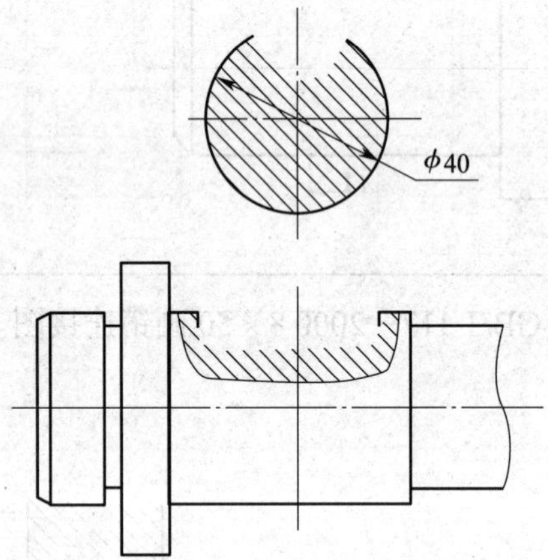


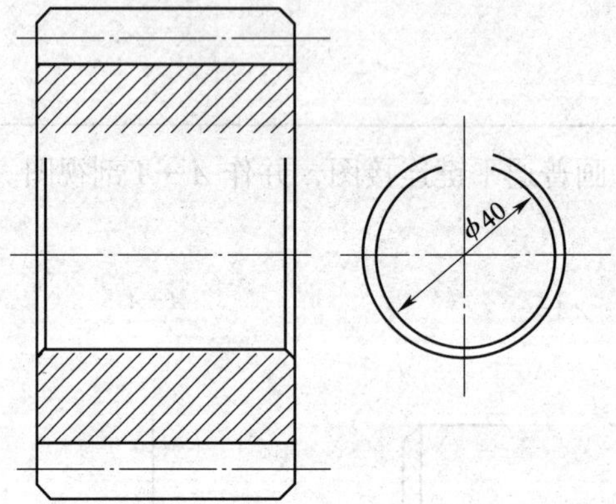

4—2—3　完成键连接图（二）

绘制上题中键和齿轮的连接图。

班级　　　　姓名　　　　学号

4—2—4　完成销连接图

用公称直径 $d$=8 mm、$L$=40 mm 的圆柱销连接图示零件，在查表确定其长度后画出连接图，并写出销的标记。

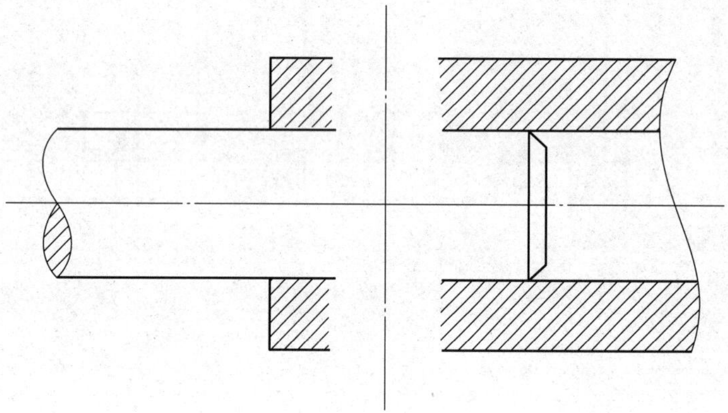

标记：



班级　　　　姓名　　　　学号

# 课题三　齿轮

4—3—1　标准直齿圆柱齿轮 $m$=3 mm，$z$=30，求作其主、左视图（计算公式写在图的右侧空白处）

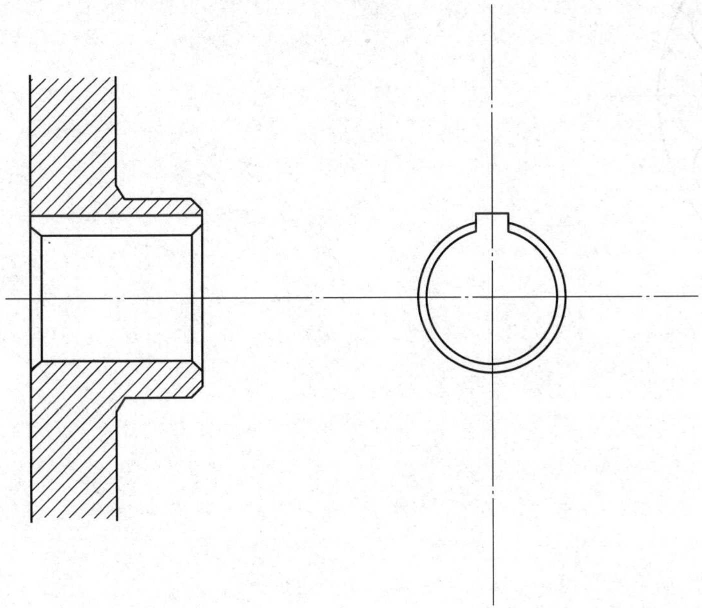

4—3—2　直齿圆柱大齿轮 $m$=4 mm，$z_1$=40，小齿轮 $z_2$=20，用 1∶2 的比例绘制啮合图（计算公式写在图的右侧空白处）

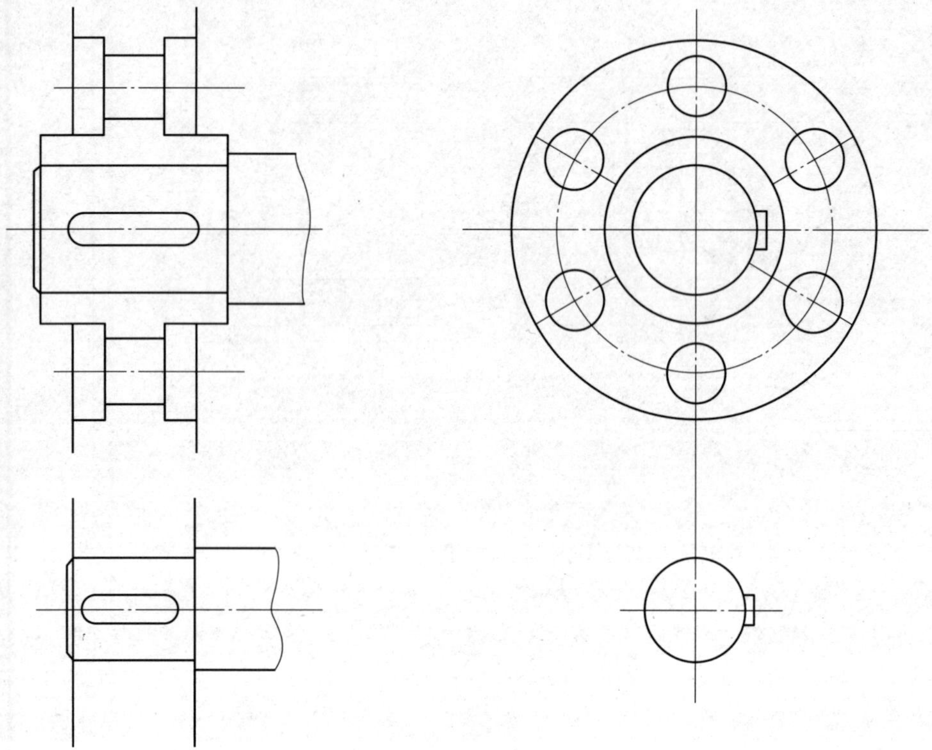



班级　　　　姓名　　　　学号

4—3—3　完成直齿圆柱齿轮的主、左两视图，并标注尺寸（模数 $m$=3 mm，齿数 $z$=34）

## 4—3—4　完成齿轮啮合图

完成齿轮啮合的主、左视图。

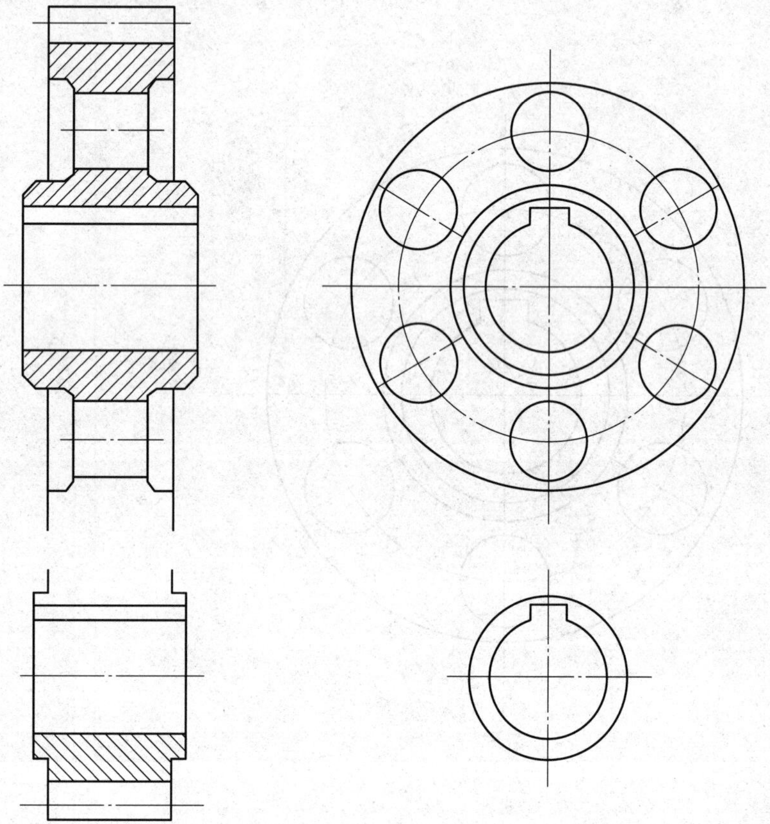

直齿圆柱齿轮 $m$=2 mm，$z$=20，求作齿轮的两视图，并标注尺寸。

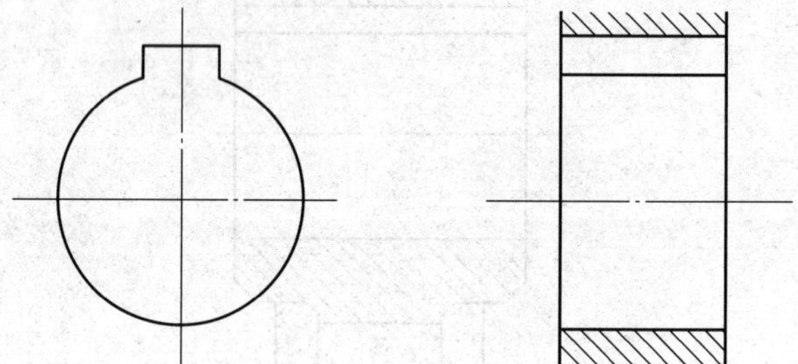

## 课题四　滚动轴承

4—4—1　根据图示尺寸和标记，按规定画法画出滚动轴承

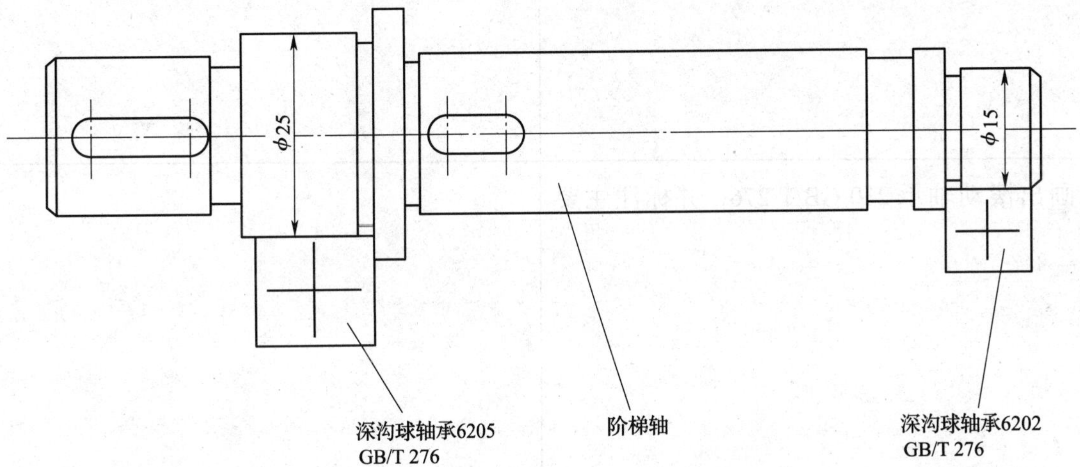

## 4—4—2　轴承

试用简化画法画出 6206 轴承（深沟球轴承），左端面紧靠轴端 *A*。

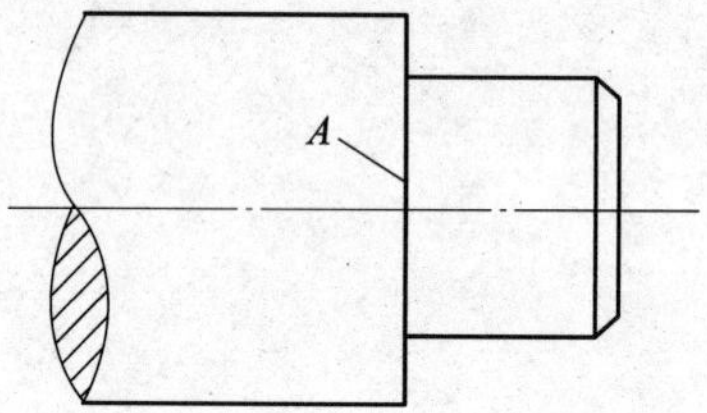


试用简化画法画出 30206 轴承（圆锥滚子轴承），左端面紧靠轴端 *A*。

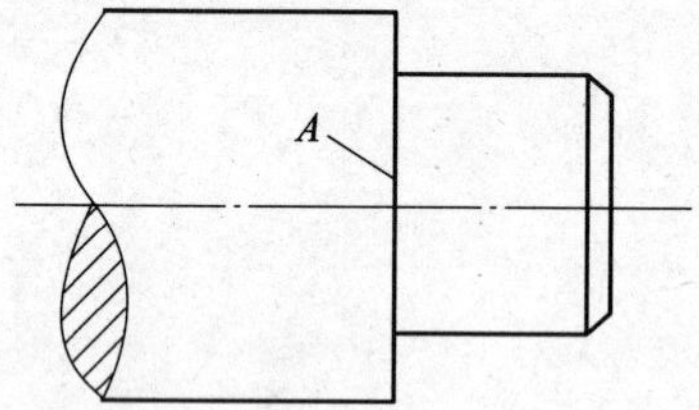


试用简化画法画出滚动轴承 210 GB/T 276，并标注主要尺寸。

# 模块五　识读机械图样

## 课题一　识读零件图中的技术要求

5—1—1　填空题

1. 一张完整的零件图应包括四项内容：__________、__________、__________、__________。

2. 图样中的图形只能表达零件的__________，零件的真实大小应以图样上所注的__________为依据。

3. 标准公差分__________个等级，其中，IT 表示__________，阿拉伯数字表示__________。

4. 对于一定的公称尺寸，公差等级越高，标准公差值越______，尺寸的精确程度越________。

5. 根据使用要求的不同，孔和轴之间的配合有松有紧，国标因此规定配合分为三类，即__________，__________和__________。

6. 配合的基准制有__________和__________两种，优先选用__________。

7. 形状公差项目包括__________、__________、__________、__________、__________、__________六种。

8. 位置公差是指__________的位置对其__________的变动量，理想位置由__________确定。

9. 位置公差项目包括__________、__________、__________、__________、__________、__________、__________八种。

10. 表面粗糙度是评定零件__________的一项技术指标。常用参数是__________，其值越小，表面越__________；其值越大，表面越__________。

## 5—1—2　识读图样中的尺寸公差与配合代号，并填空（一）

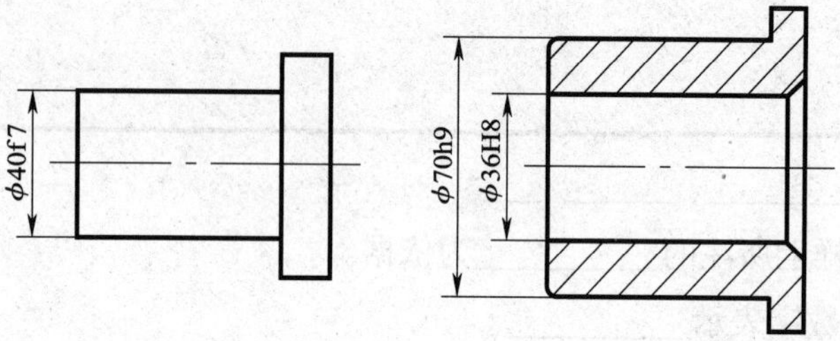


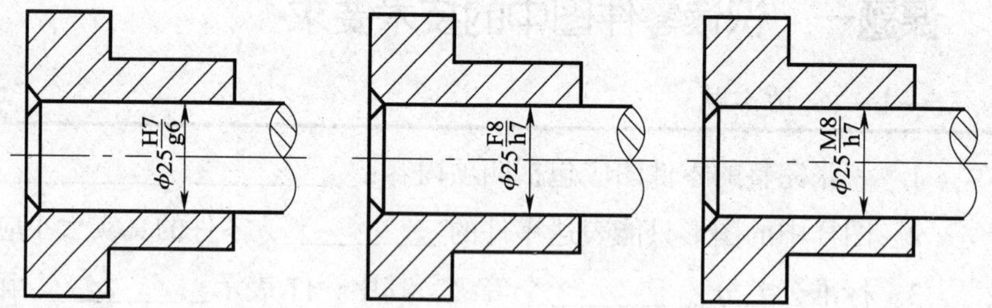


1. φ40f7 的公称尺寸为______，上极限尺寸为______，下极限尺寸为______，上极限偏差为______，下极限偏差为______，公差为______。

2. φ36H8 的公称尺寸为______，上极限尺寸为______，下极限尺寸为______，上极限偏差为______，下极限偏差为______，公差为______。

3. φ70h9 的公称尺寸为______，上极限尺寸为______，下极限尺寸为______，上极限偏差为______，下极限偏差为______，公差为______。

1. φ25H7/g6 的公称尺寸为______；孔的基本偏差为______，公差等级为______，公差带为______；轴的基本偏差为______，公差等级为______，公差带为______。该配合属于________制______配合（间隙、过渡、过盈）。

2. φ25F8/h7 的公称尺寸为______；孔的基本偏差为______，公差等级为______，公差带为______；轴的基本偏差为______，公差等级为______，公差带为______。该配合属于________制______配合（间隙、过渡、过盈）。

3. φ25M8/h7 的公称尺寸为______；孔的基本偏差为______，公差等级为______，公差带为______；轴的基本偏差为______，公差等级为______，公差带为______。该配合属于________制______配合（间隙、过渡、过盈）。

5—1—3　识读图样中的尺寸公差与配合代号，并填空（二）

根据装配图上的尺寸标注，分别在零件图上注出相应的公称尺寸和公差带代号，并解释配合代号的意义。

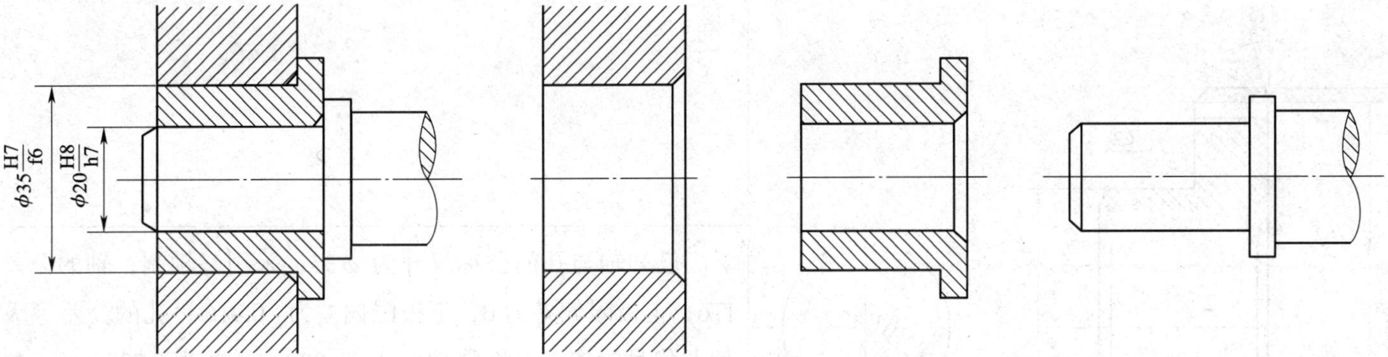


$\phi35\frac{H7}{f6}$ ____________________

$\phi20\frac{H8}{h7}$ ____________________

5—1—4　识读图样中的尺寸公差与配合代号，并填空（三）

键槽的宽度 $b$=10 mm，偏差代号为 N9，轮毂上键槽深度 $t_2$=3.3 mm，上极限偏差为 +0.2，下极限偏差为 0，公称尺寸 >30~40 mm 时，IT7=0.025 mm，补全主视图和局部视图上的漏线，并标注键槽尺寸和偏差或偏差代号。

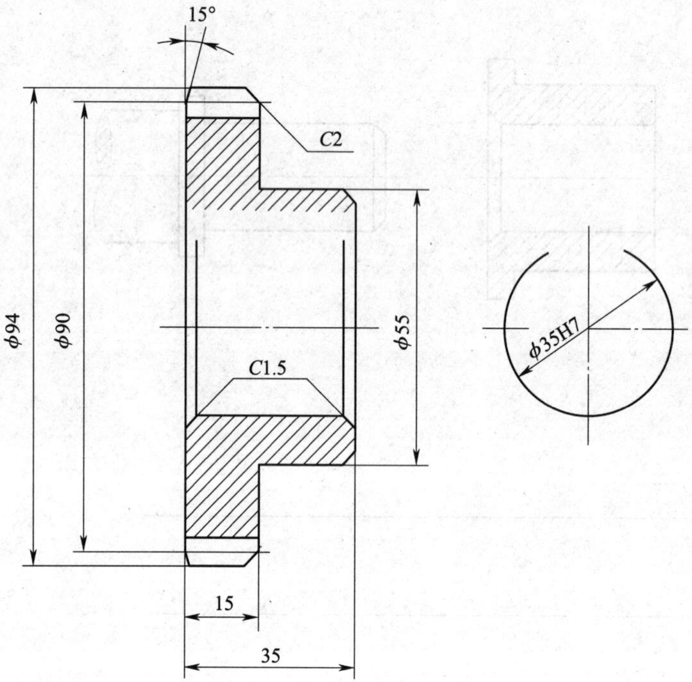


已知孔和轴的配合为 ϕ35H7/n6，画出轴和孔的公差带图，并判断配合性质。

已知轴与孔的公称尺寸为 ϕ35，采用基轴制；轴的公差等级是 IT6，上极限偏差为 0，下极限偏差为 −0.016；孔的公差等级是 IT7，偏差代号为 N，上极限偏差为 −0.008，公差为 0.025 mm。要求在零件图上注出公称尺寸和极限偏差，在装配图上注出公称尺寸和配合代号。

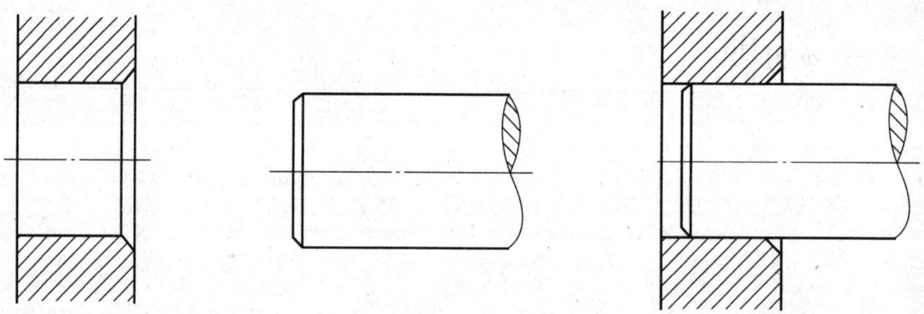

　　班级　　姓名　　学号

## 5—1—5　识读图样中的几何公差代号

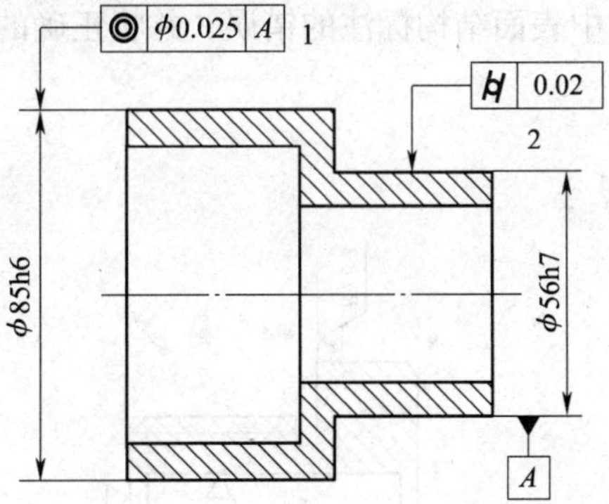


1. 表示：

2. 表示：

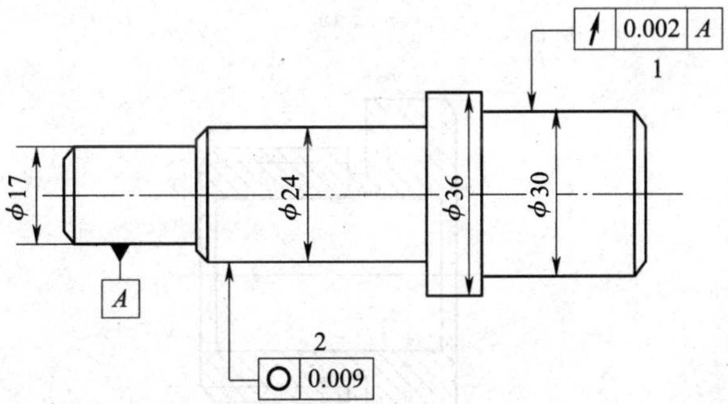


1. 表示：

2. 表示：

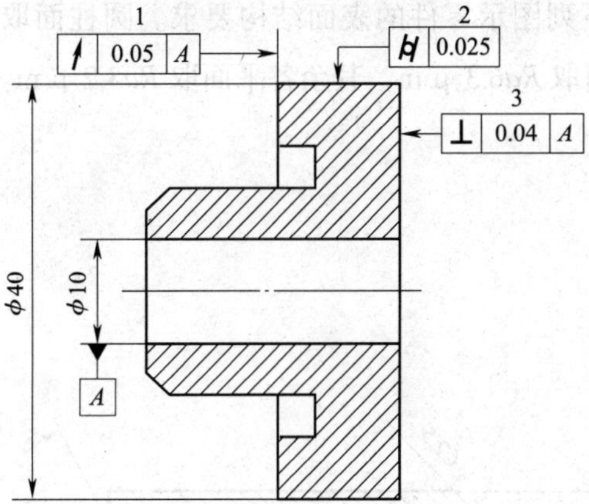


1. 表示：

2. 表示：

3. 表示：

5—1—6　识读图样中的表面粗糙度代号

标注下列图示零件的表面结构要求。圆柱面取 *Ra*1.6 μm，倒角及锥面取 *Ra*6.3 μm，其余各平面取 *Ra*3.2 μm。

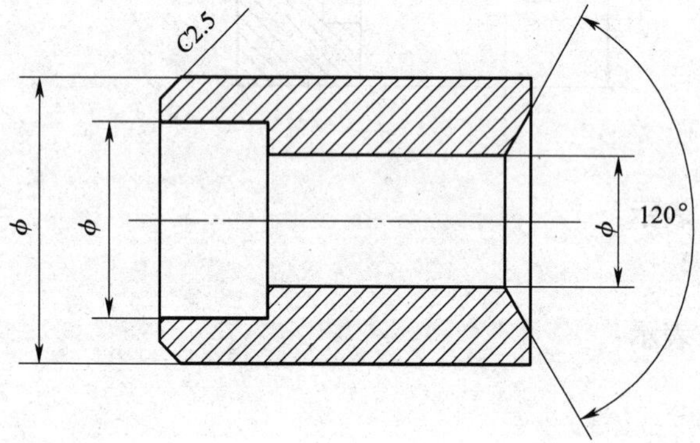


改正图 a 中表面结构标注的错误，并将正确的结果标注在图 b 中。

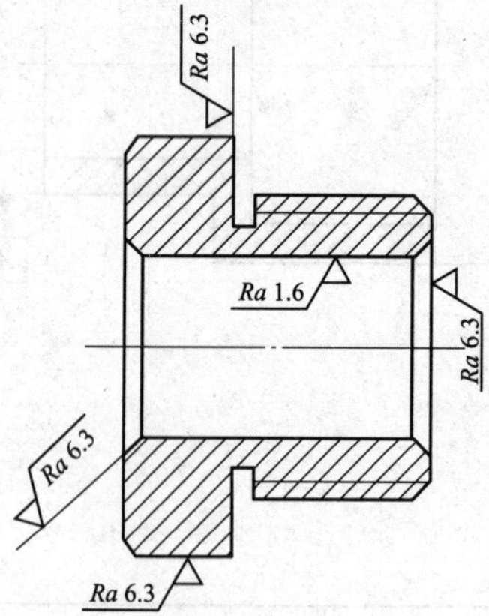


a）

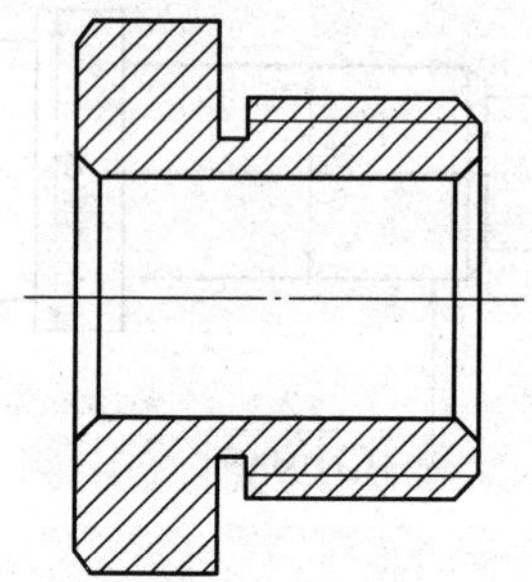

b）

　　班级　　　姓名　　　学号

## 课题二　识读零件图

5—2—1　读齿轮轴零件图，在指定位置补画 *A—A* 断面图，并回答下列问题

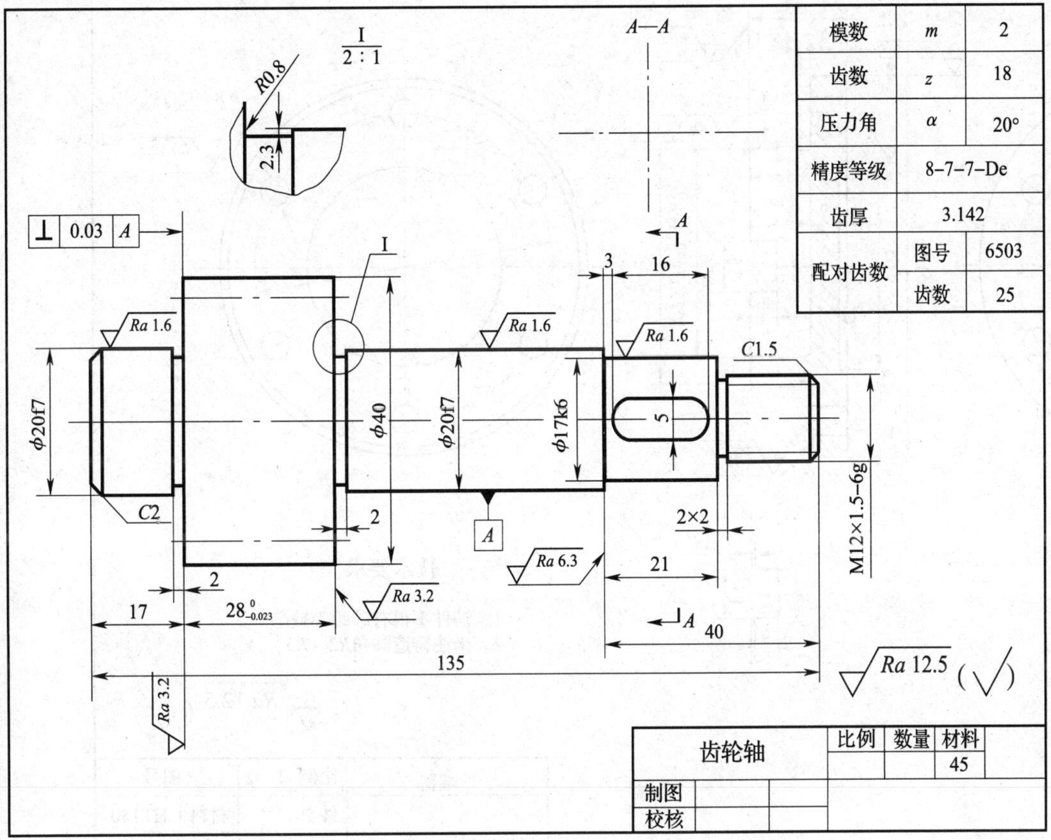


1. 说明 M12×1.5–6g 的含义：____________________________________。

2. 说明 ⊥ 0.03 A 的含义：____________________________________。

3. 指出图中的工艺结构：它有____处倒角，其尺寸分别为______________________，有________处退刀槽，其尺寸为________________。

4. 上方标有 2∶1 的图形为________________图。

5. 齿轮的分度圆为________，齿顶圆为________，齿根圆为____________。

6. *ϕ*20f7 的含义为____________________________________。

7. 该零件属于________类零件，该类零件的结构特点是____________________________________。

5—2—2　识读端盖零件图

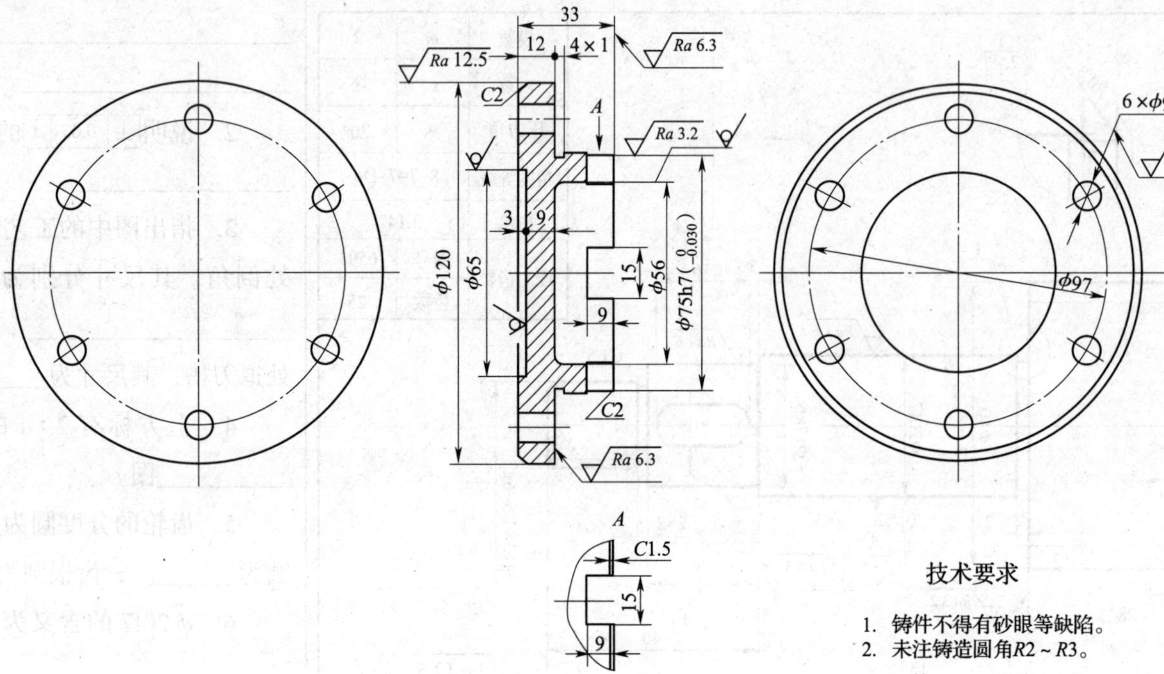


技术要求

1. 铸件不得有砂眼等缺陷。
2. 未注铸造圆角$R2 \sim R3$。

$\sqrt{Ra\ 12.5}$ ($\sqrt{}$)

| 端盖 | | 比例 | 1∶2 | <图号> | |
|---|---|---|---|---|---|
| | | 件数 | | 材料 | HT150 |
| 制图 | | | | | |
| 审核 | | | | | |

　班级　　姓名　　学号

回答下列问题：

1. 该端盖零件所用的一组图形的表达方式有__________、______________、__________________。

2. $\phi$75h7 的公称尺寸是__________，基本偏差代号是__________，公差等级为__________，上极限尺寸为_______________，下极限尺寸为____________，上极限偏差为__________，下极限偏差为__________，公差为__________。

3. *C*2 的含义是______________________________。

4. 在图上标出径向和长度方向的尺寸基准。

5. 该零件属于__________类零件，该类零件的结构特点是什么？

*6. 在指定位置作右视图。

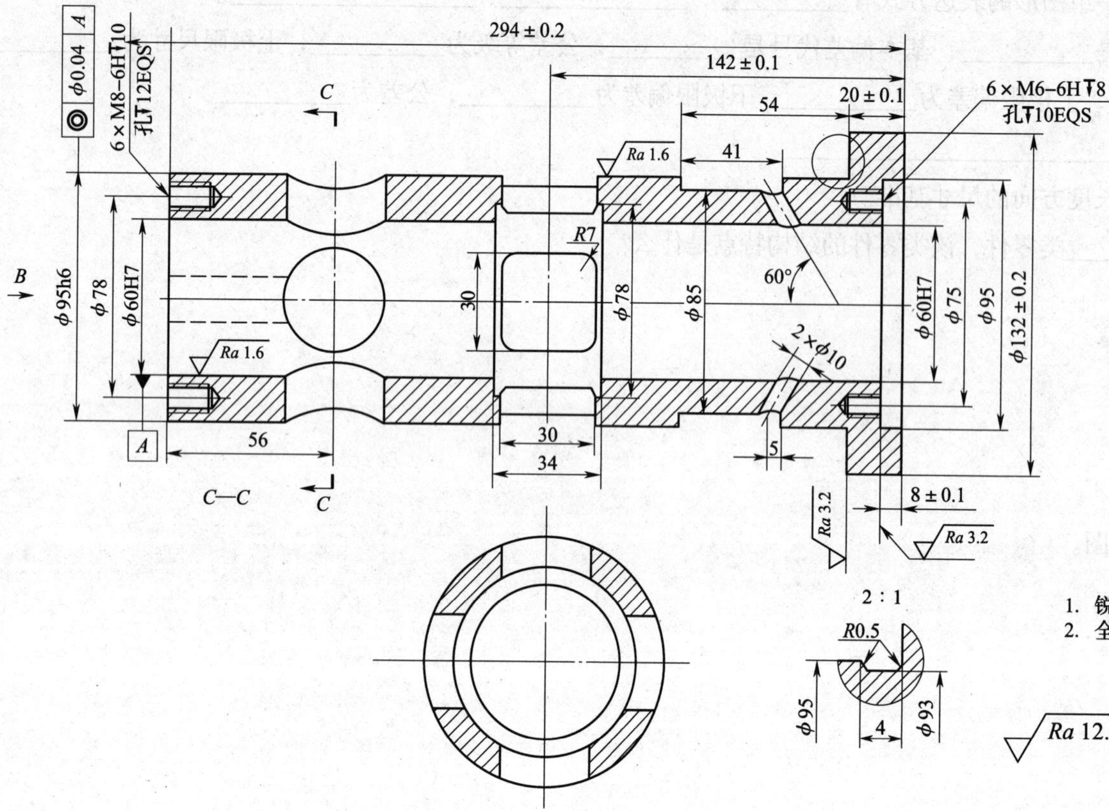


技术要求

1. 锐边倒钝，未注倒角$C2$。
2. 全部螺孔均有倒角$C1$。

$\sqrt{Ra\ 12.5}$ ($\sqrt{}$)

| 套筒 | | | 比例 | | |
|---|---|---|---|---|---|
| | | | 件数 | 1 | |
| 制图 | | | 质量 | | 45钢 |
| 校对 | | | （厂名） | | |
| 审核 | | | | | |



班级　　姓名　　学号

5—2—3　续

回答下列问题：

1. 用符号“△”标出长度方向的主要基准。

2. 说明符号 [◎|$\phi$0.04|*A*] 的含义：符号◎表示__________，数字 $\phi$0.04 表示____________________________，*A* 是__________

____________________。

3. $\phi$95h6 的含义是什么？是什么配合制？

4. 解释 $\dfrac{6\times \text{M6–6H}\,↧8}{\text{孔}↧10\text{EQS}}$ 的含义。

*5. 在指定位置分别画出 *B* 向视图和移出断面图。

5—2—4　读柱塞泵体零件图，并回答问题

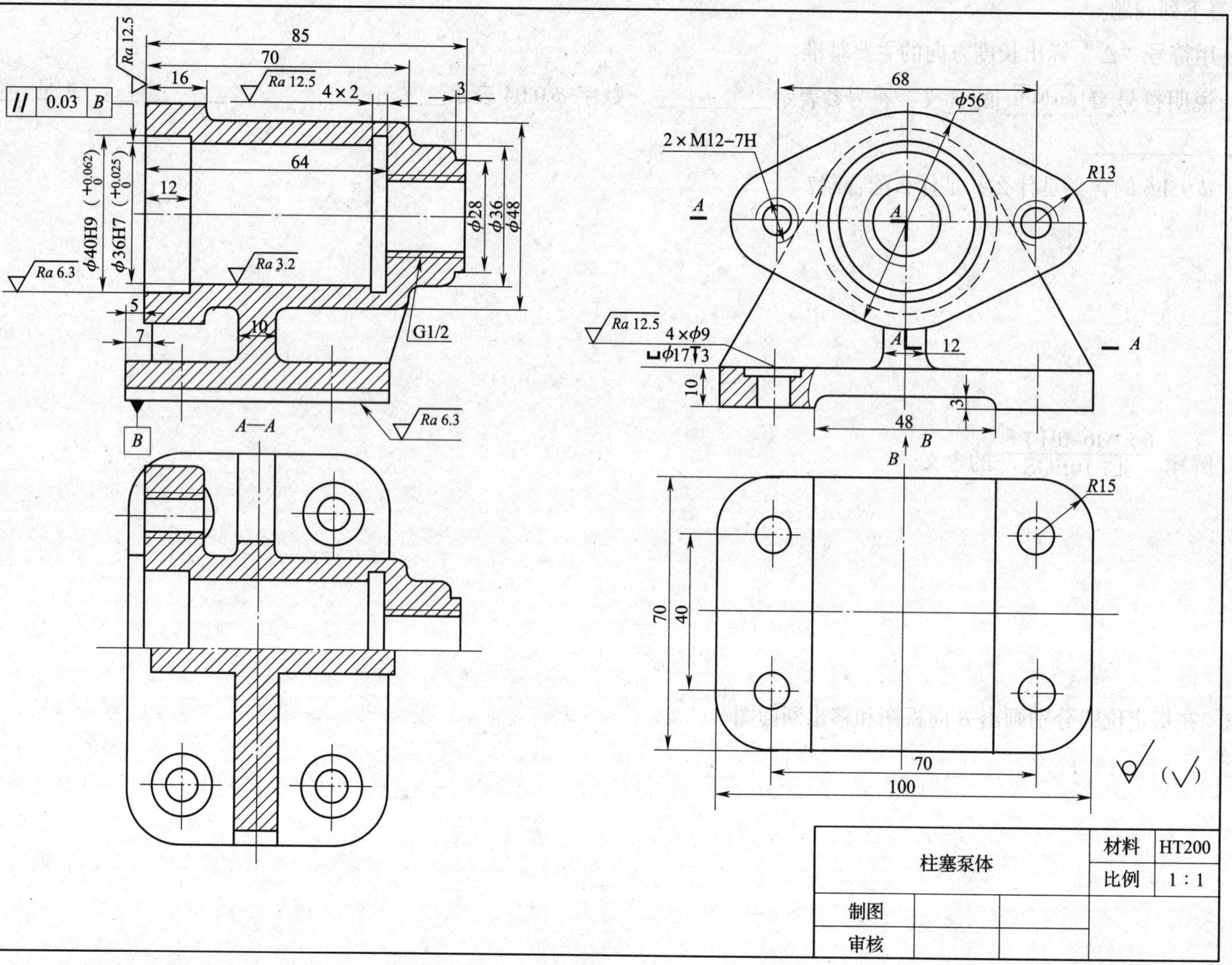


| 柱塞泵体 | | 材料 | HT200 |
|---|---|---|---|
| | | 比例 | 1∶1 |
| 制图 | | | |
| 审核 | | | |

　　班级　　　姓名　　　学号

5—2—4（续）

回答下列问题：

1. 表达该零件共用了________个视图，分别是________、________、________、________。

2. 该零件的名称是________，使用的材料是________，选用的比例是________。

3. | // | 0.03 | B | 的含义是________________________________________。

4. $\sqrt{Ra\ 6.3}$ 的含义是________________________________________。

5. ∅√的含义是________________________________________。

6. 2×M12–7H 的含义是________________________________________。

7. $\phi 40H9\left(^{+0.062}_{0}\right)$ 的公称尺寸为________，上极限尺寸为________，下极限尺寸为________，上极限偏差为________，下极限偏差为________，公差为________。

8. $\phi 36H7\left(^{+0.025}_{0}\right)$ 的公称尺寸为________，上极限尺寸为________，下极限尺寸为________，上极限偏差为________，下极限偏差为________，公差为________。

## 5—3—1　识读阀装配图

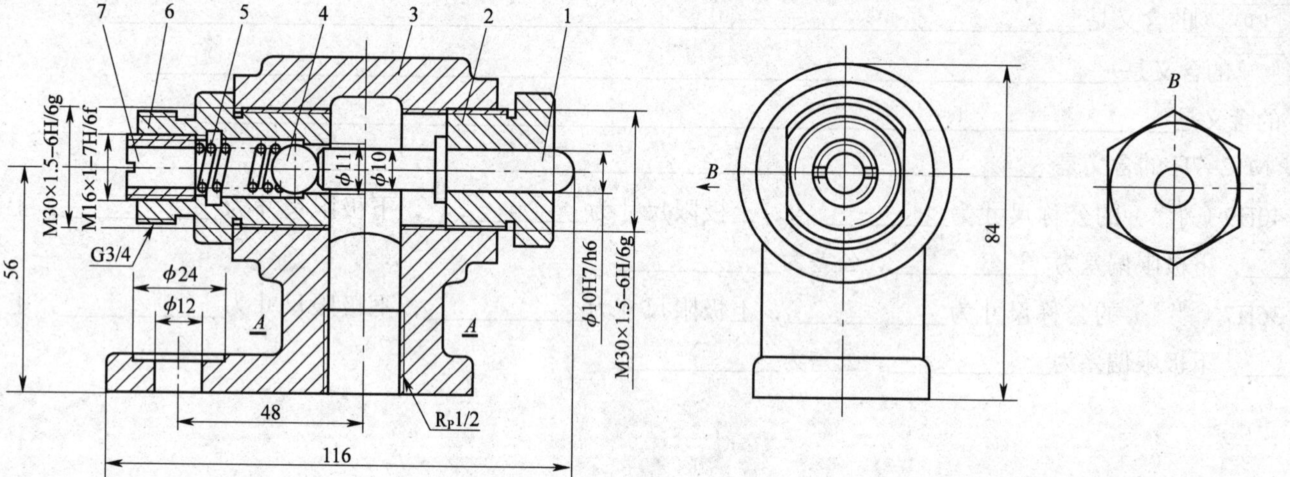


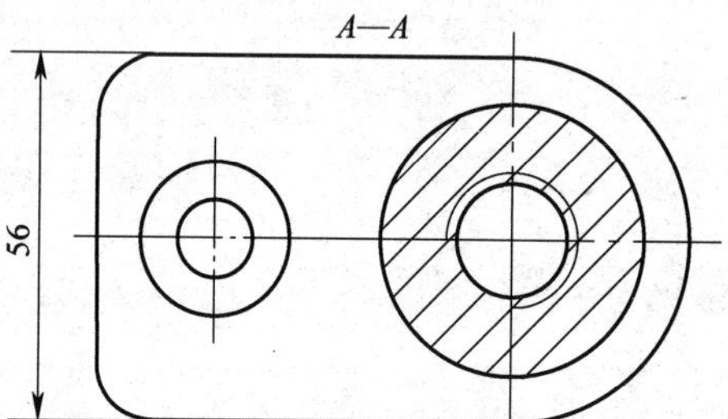


| 序号 | 代号 | 名称 | 数量 | 备注 |
|---|---|---|---|---|
| 7 | | 旋塞 | 1 | |
| 6 | | 管接头 | 1 | |
| 5 | | 弹簧1×12×26 | 1 | |
| 4 | | 钢珠 | 1 | |
| 3 | | 阀体 | 1 | |
| 2 | | 塞子 | 1 | |
| 1 | | 杆 | 1 | |

| | | | | | |
|---|---|---|---|---|---|
| 设计 | | (日期) | | | (校名) |
| 校核 | | | 比例 | 1 : 1 | 阀 |
| 审核 | | | | | |
| 班级 | | 学号 | 共　张 第　张 | | (图样代号) |

　　班级　　姓名　　学号

5—3—1 （续）

回答下列问题：

1. 该装配图共采用了____个视图表达其结构，分别是____________、____________、____________、____________，主视图采用____________剖视。

2. 该装配体的总长为____________mm，总宽为____________mm，总高为____________mm。

3. 零件 1 上不画剖面符号的原因是什么？

4. 零件 6 和 3 之间是用____________连接的。

5. 钢珠的零件号是____________。

6. 加工了螺纹的零件有____________个，分别是______________________________________________________________。

7. $\phi$24、$\phi$12 孔的定位尺寸是____________、____________。

8. M30 × 1.5–6H/6g 的含义是什么？

5—3—2　识读水龙头装配图，拆画 7 号零件的零件图

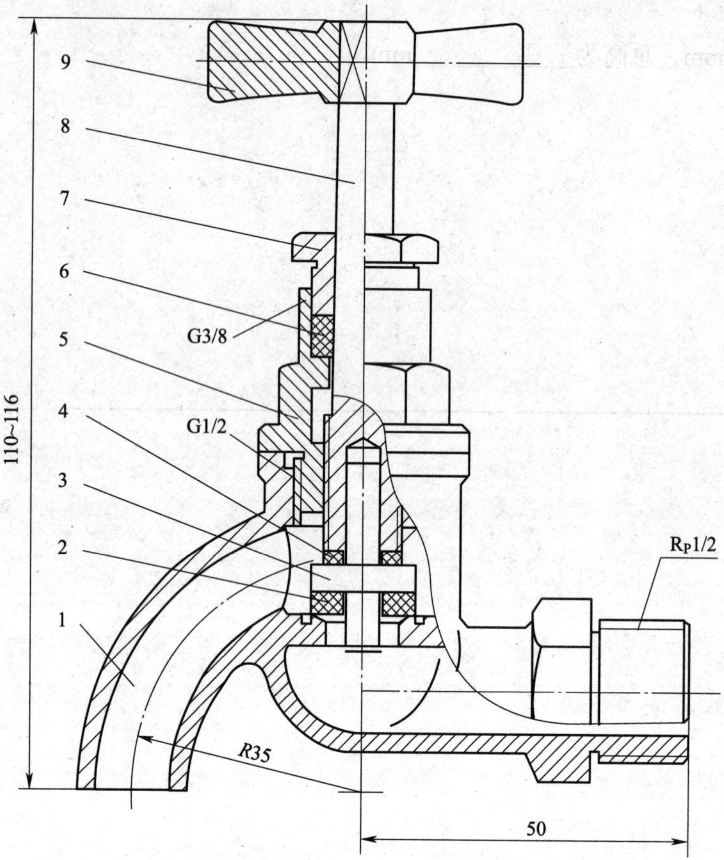


　　班级　　　　姓名　　　　学号

5—3—3　补画装配结构中的漏线

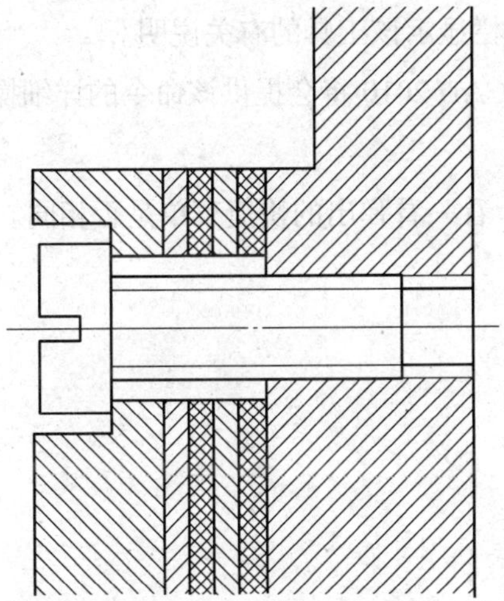

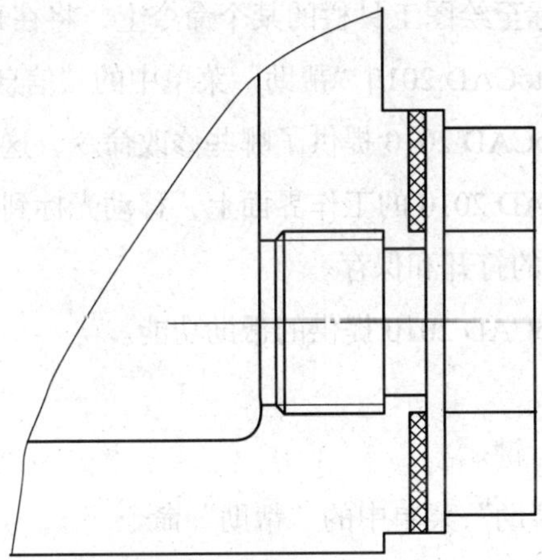

# 模块六　用 AutoCAD 绘制图样

## 课题一　AutoCAD 基本功能与平面图形的绘制

6—1—1　上机操作

1. 熟悉 AutoCAD 2010 工作界面，试着打开、关闭 AutoCAD 提供的各种工具栏。

2. 查看 AutoCAD 2010 提供了哪些绘图命令，这些指令如何使用。

提示：

（1）移动光标至绘图工具栏的某个命令上，将在光标附近显示其名称，在状态工具栏显示该工具的有关说明。

（2）打开 AutoCAD 2010“帮助”菜单中的“信息选项板”，单击相应的命令，AutoCAD 2010 将会提供该命令的详细操作方法。

3. 查看 AutoCAD 2010 提供了哪些修改命令，这些指令如何使用。

4. 在 AutoCAD 2010 的工作界面上，移动光标到不同的位置，然后单击鼠标右键，看一看弹出的快捷菜单是否相同。

5. 练习文件的打开和保存。

6. 使用 AutoCAD 2010 提供的帮助功能。

提示：

（1）按“F1”键。

（2）单击“帮助”菜单中的“帮助”命令。

7. 设置绘图样板。



班级　　　　姓名　　　　学号

6—1—2　用 AutoCAD 绘制平面图形（不标注尺寸）

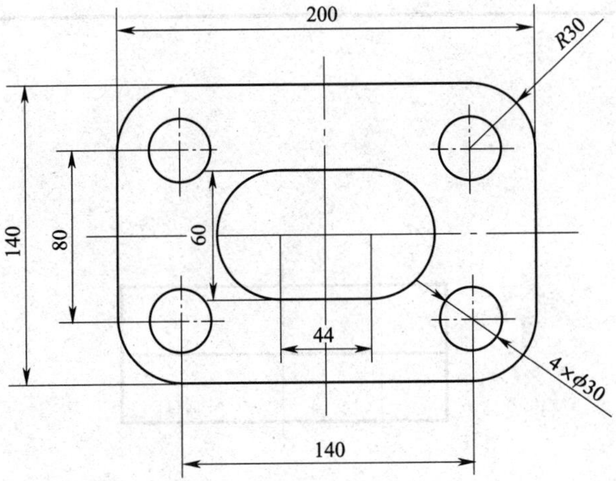


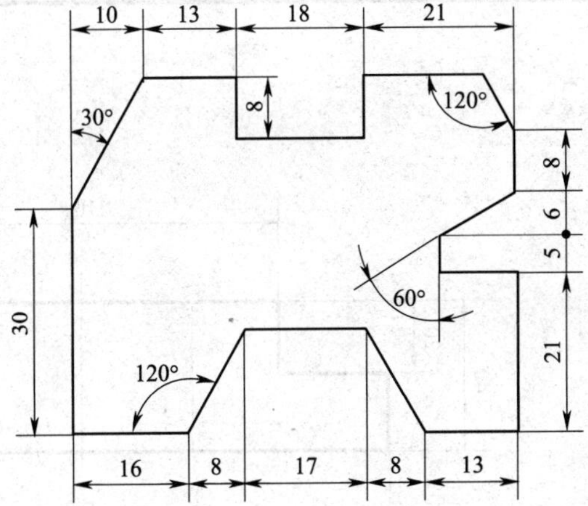


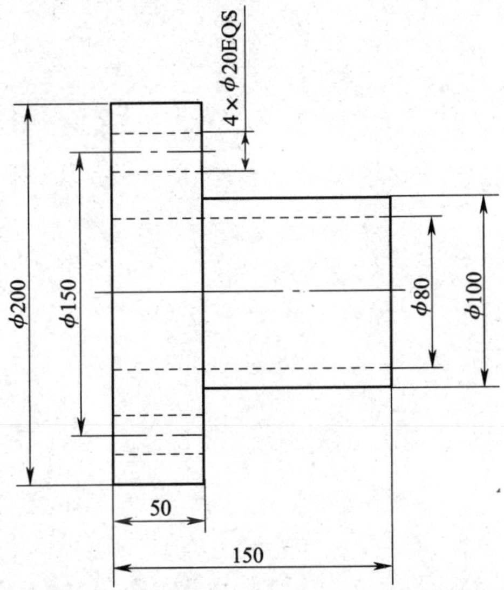


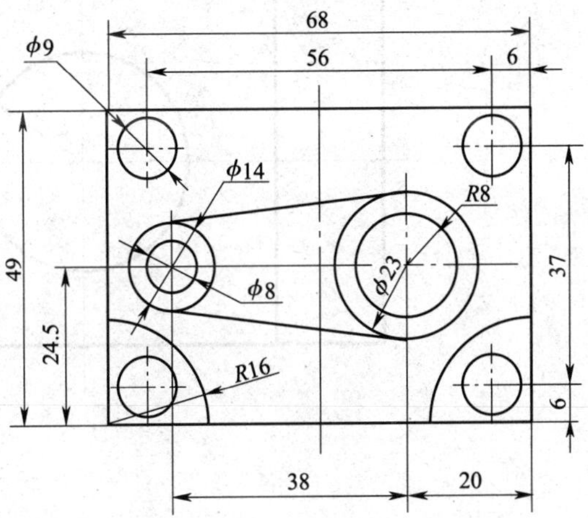

## 课题二　用 AutoCAD 绘制三视图

6—2—1　按标注尺寸用 AutoCAD 绘制三视图

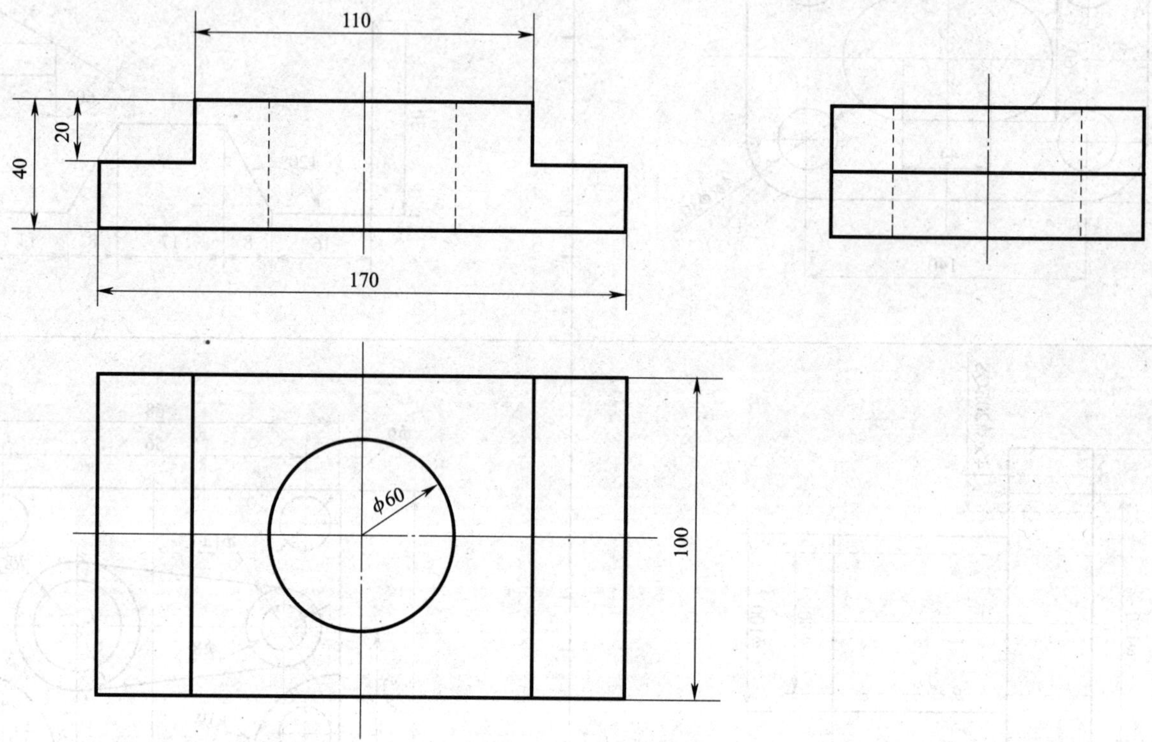




班级　　　　姓名　　　　学号

6—2—2　按量取的尺寸用 AutoCAD 绘制三视图

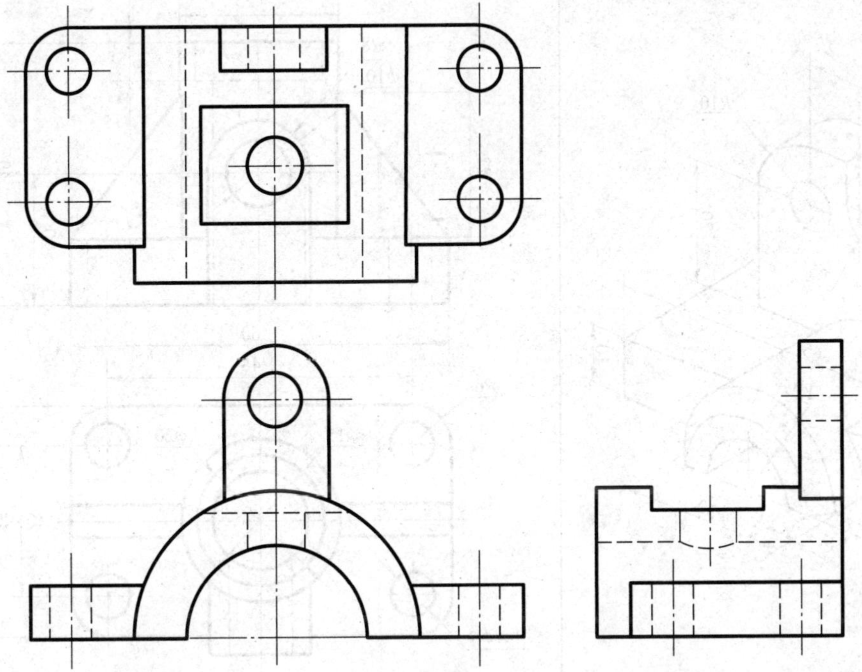

6—2—3　根据轴测图和尺寸用 AutoCAD 绘制三视图

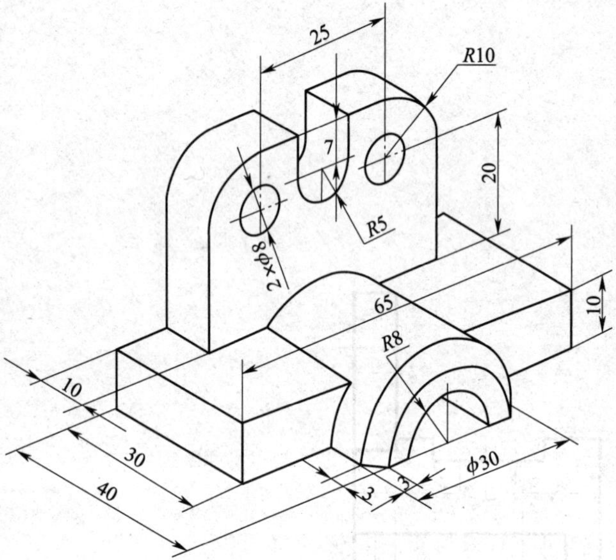


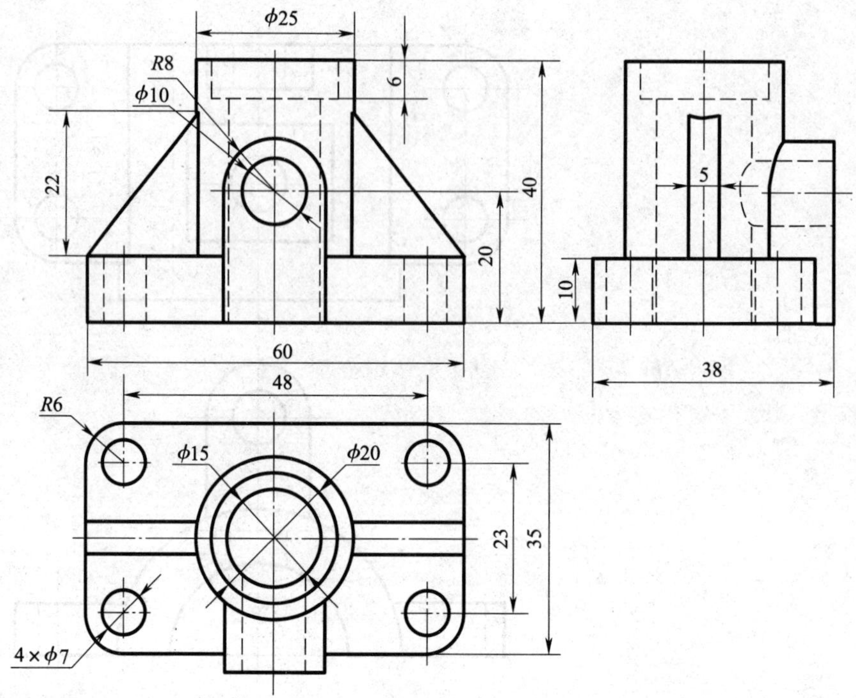


　　班级　　　　姓名　　　　学号

# 课题三　用 AutoCAD 绘制零件图

## 6—3—1　用 AutoCAD 绘制零件图（一）

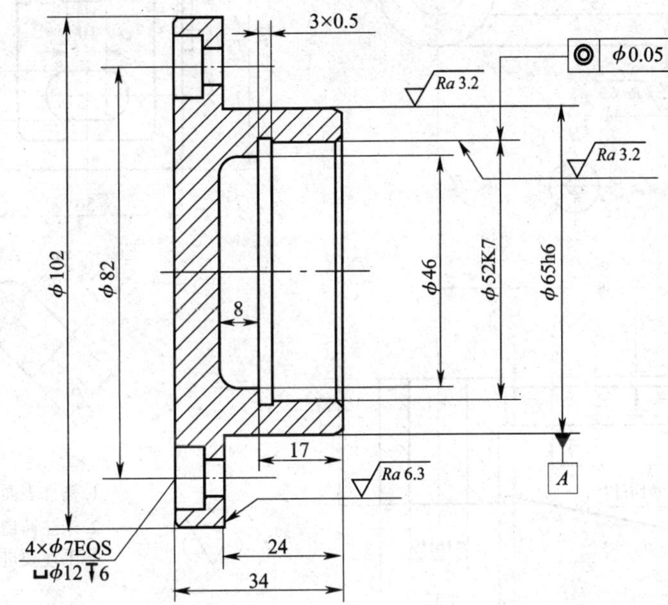


技术要求

1. 时效处理。
2. 未注倒角C1。

Ra 12.5 (√)

| 左轴承盖 | 比例 | 2∶1 |
|---|---|---|
| | 材料 | HT150 |
| 制图 | | |
| 审核 | | |

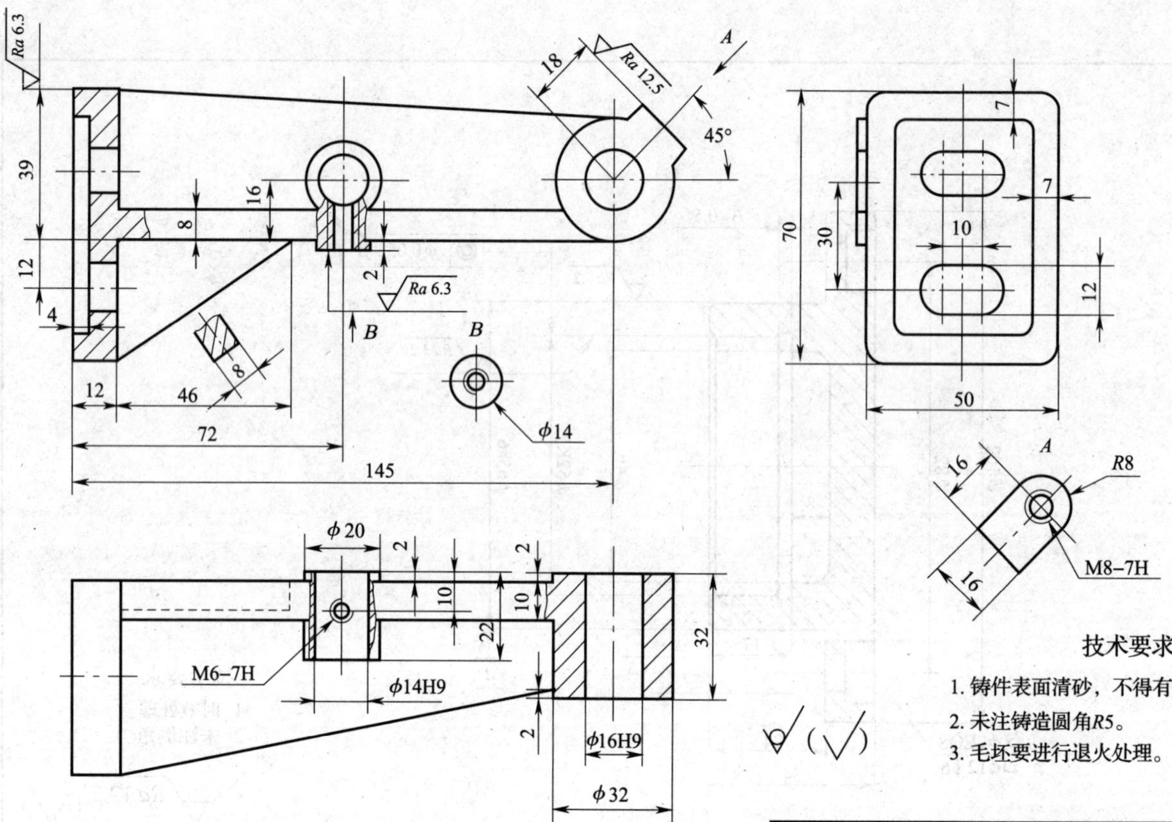


## 技术要求

1. 铸件表面清砂，不得有铸造瑕疵。
2. 未注铸造圆角$R5$。
3. 毛坯要进行退火处理。

| 刹车支架 | | | 比例 | 1:1 | | |
|---|---|---|---|---|---|---|
| | | | 件数 | 1 | | |
| 制图 | | | 质量 | | 材料 | HT20−40 |
| 描图 | | | | | | |
| 审核 | | | | | | |

 班级 姓名 学号

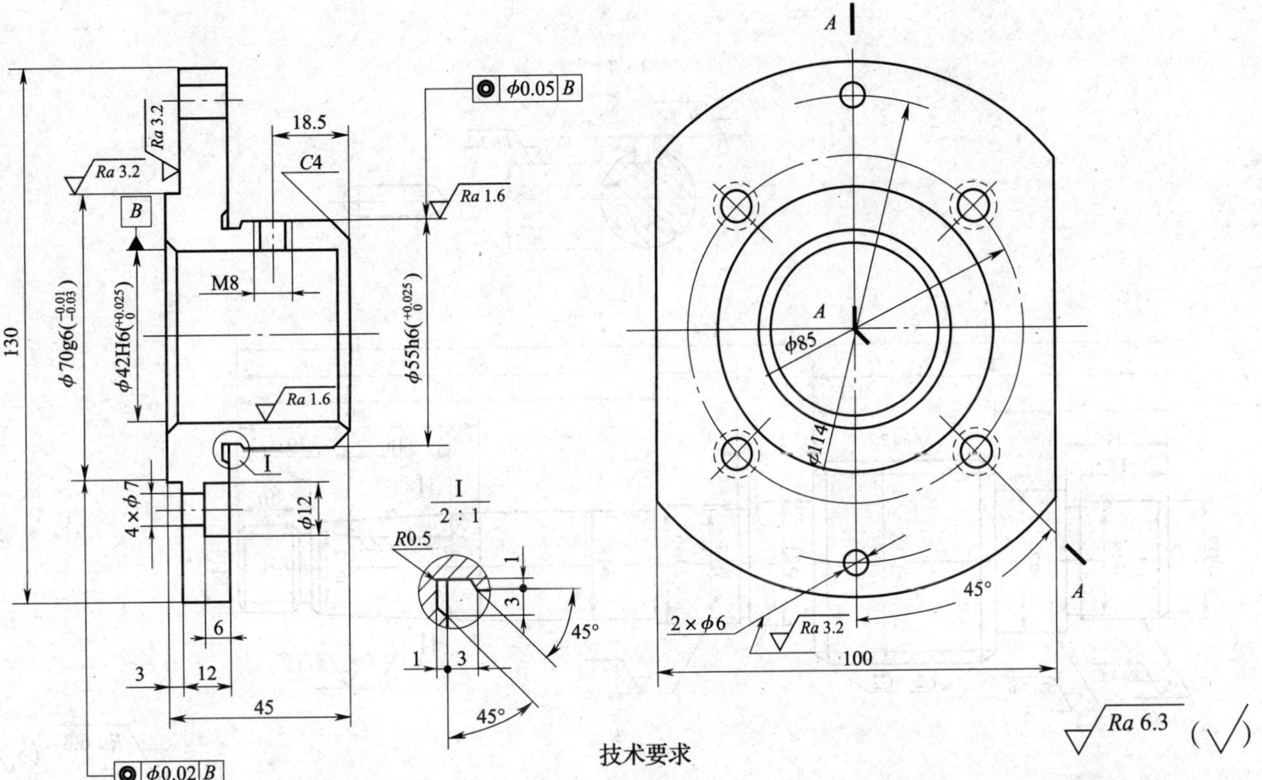


技术要求

未注倒角C1。

| 法兰盘 | | 比例 | 数量 | 材料 | (图号) |
|---|---|---|---|---|---|
| | | 1:2 | 1 | 45 | |
| 制图 | | | | | |
| 材料 | | | | | |

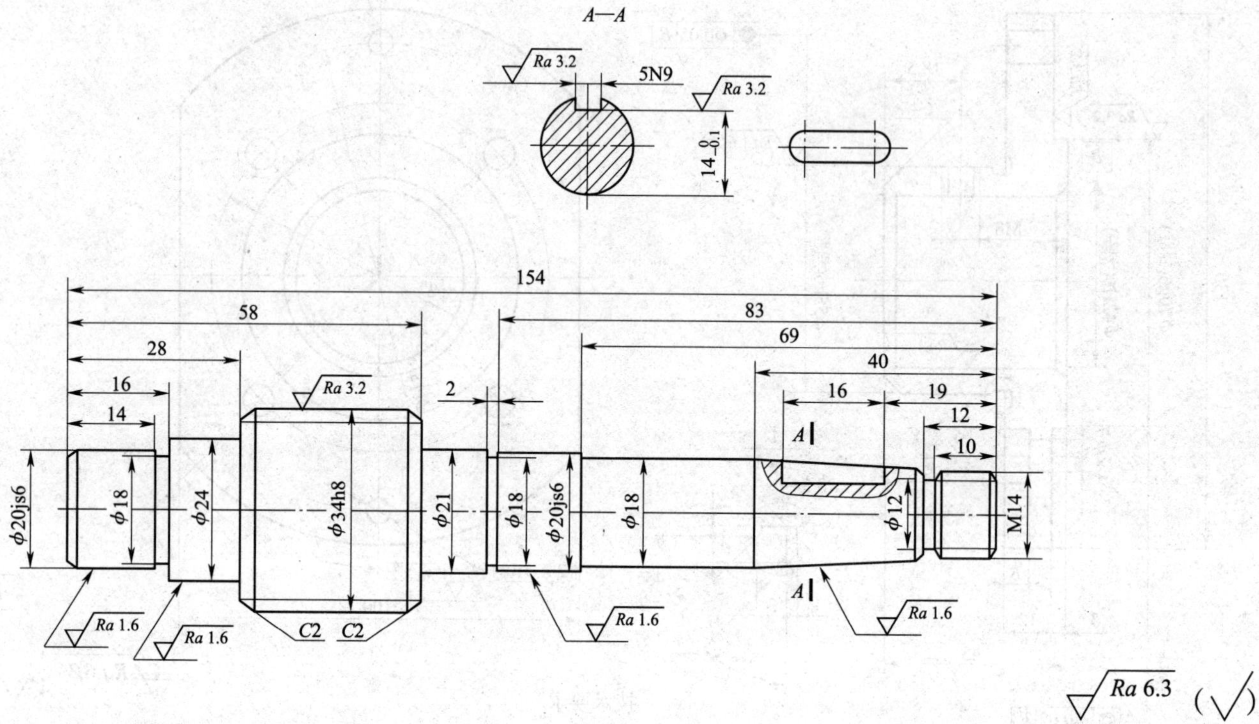
A—A
Ra 3.2
5N9
Ra 3.2
14-0.1
154
58
83
69
28
40
16
16
19
14
12
10
2
Ra 3.2
A
A
ϕ20js6
ϕ18
ϕ24
ϕ34h8
ϕ21
ϕ18
ϕ20js6
ϕ18
ϕ12
M14
Ra 1.6
Ra 1.6
C2
C2
Ra 1.6
Ra 1.6
Ra 6.3 (√)